지구를 살리는
업사이클링 환경놀이

지은이 / Eco-STEAM 연구회

환경교육과 STEAM 교육의 융합을 기본으로 기후위기 문제해결 역량을 키우고 교육과정을 연구, 실천하는 전문적학습공동체이다. 2020년 4월, 변윤섭 교사를 중심으로 인천 지역에서 처음 만들어져서 활발하게 활동하고 있다. 현재까지 100여 명의 초등교사가 Eco-STEAM 연구회 회원으로 활동하고 있다.

Eco-STEAM 연구회는 교사의 교육과정 문해력을 바탕으로 지속가능한 환경수업 모델과 환경융합 프로젝트 프로그램을 개발하고 있다. 무엇보다 학생들이 창의성, 융합성, 전문성을 바탕으로 기후위기 문제해결 역량을 강화하고 생활 속에서 실천할 수 있도록 교육하기 위해 부단히 노력하는 전문적학습공동체이다. (Eco-STEAM 연구회 관련 문의: bsub2000@gmail.com)

기획자 / 변윤섭

초등교사이자 Eco-STEAM 연구회 대표. 초등수학 교과용 도서 검정위원, 인천초등과학교육단체총연합회 사무국장으로 활동했다. 전국교육자료전 연구대회 1등급, 수업연구발표 연구대회 2등급을 입상한 바 있으며, 공저한 책으로 『수업 방해』, 『선생님도 몰래 보는 과학대회 비법노트』, 『수업을 살리는 체육 레시피』 등이 있다.

※ Eco-STEAM 연구회 회원이자 저자(김경미 외 24명)에 대한 소개는 이 책 맨 뒤(276쪽 이하)를 참고해주세요.

초판 1쇄 발행 2022년 4월 8일
1판 5쇄 발행 2025년 1월 31일

지은이 Eco-STEAM 연구회
그린이 이임하 외
기획자 변윤섭
펴낸이 이형세
펴낸곳 테크빌교육㈜
디자인 어수미
테크빌교육 출판 서울시 강남구 언주로 551, 5층 | **전화** (02)3442-7783 (142)

ISBN 979-11-6346-148-7 03370
책값은 뒤 표지에 있습니다.

테크빌교육 채널에서 교육 정보와 다양한 영상 자료, 이벤트를 만나세요!

블로그 blog.naver.com/njoyschoolbooks	**페이스북** facebook.com/njoyschool79
티처빌 teacherville.co.kr	**클래스메이커** classmaker.teacherville.co.kr
쌤동네 ssam.teacherville.co.kr	**티처몰** shop.teacherville.co.kr

지구를 살리는
업사이클링
환경놀이

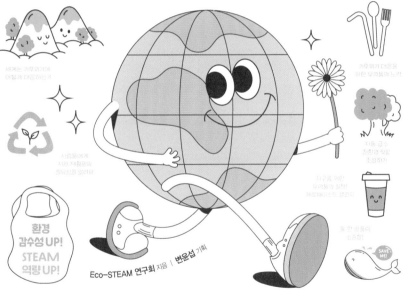

환경
감수성 UP!
STEAM
역량 UP!

Eco-STEAM 연구회 지음 | 변윤섭 기획

테크빌교육

추천사

영화 '어벤져스' 시리즈를 보면 지구를 지키는 영웅들이 있습니다. 하지만 실제로 지구를 지키는 사람들은 평범한 사람들입니다. 『지구를 살리는 업사이클링 환경놀이』 책은 기후위기, 환경재난 시대에 직면한 지구를 살리기 위해 평범한 영웅들이 머리를 맞대어 만들어낸 결과물입니다. 기후위기는 함께 극복해야 하는 시대적 소명입니다. 우리의 소소한 일상마저 생태친화적으로 바꿔나가는 노력이 필요합니다. 이 책을 보는 모두가 생태시민으로서 지구를 살리는 실천에 동참해주시기 바랍니다.

_도성훈 인천광역시교육감

가정과 학교에서 지구를 구하는 실천 방법을 담아낸 환경놀이의 교본 같은 책이다. 학교 현장과 실생활에서 교육과정과 연계하여 학생들의 생태·환경 감수성을 자라게 해주는 실천의 결과가 이 책에 모두 담겨 있다. 지금 지구와 우리 자신을 구하고 싶으면 이 책과 함께 업사이클링 활동을 해보자.

_한소영 인천광역시교육청 기후생태과학교육팀 장학관

지금 여기 코로나19로 겪으며 살아가는 우리 지역공동체는 에너지, 돌봄, 환경 등의 위기를 경험하고 있다. 이러한 경험은 미래에 또 다른 위기가 올 수 있다는 점에서 우리에게 전환적 사고를 요구하고 있다. 업사이클링 환경놀이는 학생들의 생태 감수성을 키워주고 실생활에서 스스로 기후위기에 대응할 수 있는 실천력을 키워준다는 점에서 꼭 추천하고 싶은 책이다.

_정두원 인천광역시교육청 교육과학정보원 과학교육부 연구관

우리 아이들은 기후위기의 미래에 직면할 세대입니다. 이 아이들이 기후변화 문제를 올바르게 인식하고 대응할 수 있도록 한다는 측면에서, 학교가 나서서 교육적 차원에서 접근해야 하는 시점이 되었습니다. 어릴 때부터 환경문제와 기후위기를 인식하고, 일상생활에서 적극적으로 대처하고 행동과 실천하는 지구생태시민으로 자라나고 싶다면 좋은 길잡이가 필요하다고 생각됩니다. 업사이클링 환경놀이는 미디어와 활자만이 아닌 실생활의 실제 사례를 통해 따라 할 수 있는 다양한 활동을 제시한다는 점에서 가정과 학교에서 꼭 필요한 책이기에 추천하고 싶은 책입니다.

_홍상임 인천 그린스마트미래학교 석남초 교장

저자 서문

지구를 지키는 '영웅' 하면 누가 떠오르나요? 슈퍼맨, 배트맨, 스파이더맨? 영화에서 영웅들은 엄청난 능력으로 지구를 지키고 있습니다. 하지만 현실에서 지구를 살리고 지키는 영웅은 바로 평범한 사람인 걸 아시나요? 기후변화를 놓고 세계 정상과 한판 붙은 스웨덴의 16세 기후운동가 그레타 툰베리도 평범한 학생이었습니다. 지구를 살리는 것은 바로 여러분입니다.

이 책은 1부 '큰일이다! 지구가 위험하다', 2부 '지구를 살리는 업사이클링 환경놀이', 3부 '원리가 보이는 업사이클링 환경놀이'를 통해 기후위기 대응에 대한 다양한 이야기와 가정과 학교에서 실천할 수 있는 22가지의 환경놀이 방법과 지도안, 학습지 등 쉽게 따라 할 수 있는 내용으로 구성되었습니다.

가정과 학교에서 넘쳐나는 쓰레기를 업사이클링 환경놀이를 통해 환경 감수성을 키울 수 있는 프로젝트형 수업 사례를 담았습니다. 업사이클링(upcycling)이란 업그레이드(upgrade)와 리사이클링(recycling)의 합성어로, 버려진 물건을 재활용해 더 가치 있는 제품으로 만드는 '새활용'을 말합니다. 환경놀이를 통해 버려지는 자원을 재활용

해 다양한 방법으로 새로운 가치로 만들어내는 경험과 사고는 우리 아이들을 지구를
살리는 영웅으로 만드는 데 밑거름이 될 것입니다.

한 권의 책으로 환경과 관련된 모든 놀이와 사례를 담기는 어려웠습니다. 그러나
이 책을 통해 가정과 학교 현장에서 실천으로 이어져 지구를 살리는 디딤돌이 되기를
바랍니다.

감사합니다.

2022년 4월

지구를 살리는 선생님들과 함께

정영찬 드림

『지구를 살리는 업사이클링 환경놀이』는 기후변화와 환경에 대한 기본 지식과 개념을 쌓은 후 실제 교실에서 다양한 환경 수업을 할 수 있도록 구체적인 지식, 정보와 수업 활동 사례를 제공합니다.

초등학교 3, 4, 5, 6학년 교과의 성취기준을 달성할 수 있는 환경융합 수업 활동을 담고 있습니다. 수학, 과학, 사회, 실과, 미술 등의 교과를 중심으로 학생들에게 학습에 대한 동기를 불러일으키고, 흥미로운 활동 수업을 하고, 그 속에 숨겨진 아름다움이나 과학, 수학 원리를 탐구하도록 교육과정을 설계하였습니다.

이 책은 총 3부로 구성되어 있습니다. 1부 '큰일 났다! 지구가 위험하다'에서는 현재 지구가 처한 기후·환경·생태문제에 대한 과학적 근거를 바탕으로, 환경에 대한 우리의 안일한 생각을 깨우치고 관심과 실천의지를 불러일으킵니다. 2부 '지구를 살리는 업사이클링 환경놀이'에서는 환경운동 UCC도 만들고, 재활용품을 사용하여 생수 디스펜서, 캔 라이트, 스피커와 휴대폰 거치대 등을 창의적으로 만들면서 학습 성취기준도 충족하고 학습한 내용을 일상생활에서 실천할 수 있도록 합니다. 3부 '원리가 보이는 업사이클링 환경놀이'에서는 전구, 3D 홀로그램 프로젝터, 자동 손 소독 장치 등을 만들면서 과학과 수학 원리를 심도 있게 학습합니다.

환경 수업 활동을 '좀 더 즐겁게', '좀 더 효과 있게' 하고 싶다면 이렇게 해보세요.

❶ 핵심 학습 주제를 파악합니다. 모든 학습의 시작은 오늘 무엇을 배우는지 명확히 하고, 학습 활동이 끝나고 나서 학습 주제를 떠올려보면 학습 성취도가 올라감과 동시에 성찰의 시간도 가질 수 있습니다.

❷ 학습 활동과 연계된 교육과정 및 성취기준을 살펴봅니다. 그리고 환경 수업의 흐름을 대략적으로 살펴봅니다. 이후 이어지는 학습 활동의 순서와 체계를 세우는 데 도움이 됩니다.

❸ 선생님이 직접 구성한 만화와 선생님이 직접 찾아낸 관련 동영상을 보면서 환경 감수성을 UP시키는 시간을 갖습니다.

❹ 자, 이제 실제로 업사이클링 공작 활동을 합니다. 책을 보면서 순서대로 제작합니다. 응용을 해보아도 좋습니다. 공작 활동 시 유의할 점과 안전교육도 잊지 말아야겠죠.

❺ 공작 활동을 통해 만든 업사이클링 제품을 전시, 발표하거나 작동시켜보면서 그 속에 숨겨진 아름다움, 과학이나 수학 원리를 탐구합니다.

❻ '선생님이 알려주는 환경 TIP'을 학습합니다. 그러고 나서 환경 수업 과정과 결과에 대해 학생들과 함께 이야기를 나누는 시간을 갖습니다.

❼ 부록으로 수업 지도안, 학습지, 환경 수업 주요 장면(PPT 자료) 등이 있습니다. 학생들과 함께 환경융합 수업을 할 때 참고하면 매우 유용합니다.

차 례

큰일이다!
지구가 위험하다
Part 1

2050
지구 위기 시나리오

세계는 기후위기에
어떻게 대응하는가

지구를 살리는
업사이클링 환경놀이

Part 2

자동 급수
친환경 텃밭 조성하기

물 한 방울의
소중함!

원리가 보이는
업사이클링 환경놀이
Part 3

배가 물 위에 뜨는
과학 원리 배우기

업사이클링 장난감으로
놀며 자원순환 실천하기

일러두기

※ 이 책 [환경감수성 UP] 코너의 만화는 유승진 선생님 등 저자가 직접 그린 그림도 있고 '미리캔버스' (miri canvas)를 활용한 그림도 있지만, 대부분 '네컷만화' 앱(`네컷만화`)을 활용하여 구성했습니다.

※ 그 외 책 속 그림은 유승진, 문준영, 유철민, 이준록 선생님 등 저자가 직접 그렸지만, 상당 부분 이임하 그림작가가 그렸습니다.

Part 1

큰일이다!
지구가 위험하다

1. 큰일이다! 지구가 위험하다

기후변화가 가져온 세계 기후재난

최근 우리는 기후변화와 관련된 재난 뉴스를 많이 접하고 있습니다. 현재 전 세계에서 다양하게 일어나고 있는 재난은 그 횟수나 규모, 강도를 종합적으로 고려했을 때 우연이라고 보기 어렵습니다.

지난 10년간 100년 만의 집중호우, 100년 만의 이상고온, 100년 만의 가뭄, 폭염, 태풍, 최악의 미세먼지 등 '100년 만'이라는 이름이 붙는 기록적 이상기후가 자주 일어났습니다. 우리는 과연 이러한 현상을 위기라고 느끼고 있을까요?

심지어 기후변화는 대규모의 국가적 재난을 초래합니다. 최근 몇 년간 일어난 대규모의 재난 사례를 살펴보면 다음과 같습니다.

오스트레일리아의 거대한 산불과 가뭄

2019년부터 2020년 사이에 일어난 오스트레일리아의 산불은 우리 모두를 놀라게 했습니다. 5000만 에이커의 땅이 불타고, 사람도 죽고, 6000채에 이르는 건물이 파괴되었습니다. 과학자들은 산불의 원인을 기후변화에서 찾았습니다. 기록적인 고온 현상과 가뭄으로 땅이 몹시 건조했고 그것이 산불로 이어지는 계기가 되었다는 것입니다.

역사상 두 번째로 뜨거운 여름

2020년 8월은 육지와 바다 표면을 합한 온도가 과거 같은 달 평균보다 0.94℃ 높게 나타났습니다. 1880년 이래 역사상 두 번째로 날씨가 더운 8월이 된 겁니다. 역사상 가장 무더웠던 여름은 2016년 8월입니다.

영국, 프랑스, 독일 등에 걸친 엄청난 폭우

지난 2021년 7월 12일부터 유럽 각국에서 엄청난 양의 비가 쏟아졌습니다. 영국을 시작으로 벨기에, 프랑스, 독일, 룩셈부르크, 네덜란드, 스위스, 이탈리아 등 유럽 전역에 비가 내렸습니다. 그리고 강 유역에 사는 사람들이 큰 피해를 입었습니다. 강둑이 터져 마을이 황폐화되고, 집이 떠내려가고, 수많은 사람들이 죽거나 실종되었습니다. 서유럽에서만 120명이 사망하고 수백 명이 실종되었습니다. 유럽 전역을 다 합치면 그 피해는 더 큽니다.

우리가 버린 쓰레기가 지구를 위험에 빠뜨리다

세계적 기후재난도 문제이지만, 우리가 매일 버리는 쓰레기는 다양한 곳에서 더 심각한 문제를 유발합니다. 코로나19 바이러스로 비대면 생활경제와 방역 관련 일회용품 사용이 늘면서 쓰레기가 전 세계에서 폭증했습니다. 이 많은 쓰레기들이 어디로 가고 어떻게 처리되는지, 이제는 관심을 가져야 할 때입니다.

우리가 인위적으로 쓰레기를 태워 없애는 게 아니라면—사실 이 경우에도 그 잔해가 어딘가에는 쌓입니다—우리 주변 어딘가에 쌓여 있을 가능성이 높습니다. 실제로 지구에는 우리가 모르는 사이에 만들어진 거대한 쓰레기장이 있습니다. 바로 태평양의 쓰레기 섬입니다. 이 쓰레기 섬은 거대한 쓰레기더미로, 미국 하와이와 캘리포니아 사이의 북태평양 바다 위에 떠 있습니다. '태평양 거대 쓰레기 지대(Great Pacific Garbage Patch)'라고 불리는데, 바다로 흘러들어간 쓰레기들이 바람과 해류의 순환으로 한곳에 모여 만들어졌다고 합니다.

비영리 연구단체인 오션클린업재단(Ocean Cleanup Foundation)이 3년에 걸쳐 쓰레기 섬에 대해 연구하고 그 결과를 2018년에 발표하였습니다. 이에 따르면 쓰레기 섬의 플라스틱 쓰레기는 약 1조 8000억 개이며 무게는 약 8만 톤입니다. 50cm 이상의 대형 쓰레기가 가장 많지만, 문제가 심각한 것은 5mm 미만의 미세 플라스틱이라고 합니다. 바다 위, 바닷속 미세 플라스틱은 제거하기가 쉽지 않을 뿐만 아니라 해양 생물의 몸속으로 들어가 성장과 번식에 장애를 일으키거나 질병을 일으키기 때문입니다. 특히, 물고기 몸속에 축적된 미세 플라스틱은 식탁을 통해 우리의 몸속으로 옮겨집니다.

사람이 버린 쓰레기는 결국 땅과 물을 오염시킵니다. 우리가 먹는 음식은 이렇게 오염된 땅과 물, 그리고 생물에서 오는 거고요. 우리가 버린 쓰레기가 눈에 안 보이는 먼 곳으로 치워진 것이 아니라, 돌고 돌아 인간에게 그대로 돌아오고 있습니다.

2. 2050 지구 위기 시나리오

탄소중립이 뭔가요?

지금 우리는 지구온난화로 인한 기후변화에 대비하여 2050년까지 탄소중립을 이룩하고 지구의 온도가 상승하지 않도록 노력해야 한다고 한목소리로 이야기하고 있습니다.

그러면 지구온난화란 무엇일까요? 넓은 의미에서 지구온난화는 오랜 기간에 걸쳐 지구의 평균 지표면 기온이 상승하는 것을 말합니다. 좁은 의미로는 산업혁명 이후에 지표면 평균 기온이 상승하는 것을 말합니다. 현재 우리는 좁은 의미의 지구온난화, 즉 산업혁명 이후에 인위적(인간 활동에 의한) 온실가스 배출량이 늘면서 기온이 상승하여 기후 패턴이 급격하게 변화하는 현상을 통틀어 기후위기로 보고 있습니다.

이에 따라 2015년 전 세계 여러 나라가 지구온난화의 심각성을 인식하고 인위적 온실가스의 주범인 이산화탄소 배출량을 줄이는 것을 목표로 파리기후변화협약(약칭, 파리협정)을 체결하였습니다. 그리고 2016년에는 121개 국가가 '2050 탄소중립 목표 기후동맹'에 가입하였습니다.

탄소중립이란, 이산화탄소를 배출한 만큼('+') 나무를 심거나 화력 에너지에서 청정 에너지로 전환을 통해 이를 상쇄하여('–') 중립('0')으로 만들겠다는 뜻입니다. 우리나라도 파리기후변화협약과 2050 탄소중립 목표 기후동맹을 거쳐 2020년에 2050 탄소중립계획 및 추진전략을 발표했습니다.

지금 우리는 지구의 온도가 상승하지 않도록 노력해야 한다고 한목소리로 이야기하고 있습니다. 만약 우리가 이러한 위기감을 갖지 않고 노력도 하지 않은 상태로 시간이 흘러 2050년이 되면 어떻게 될까요? 지구의 평균 지표면 기온이 위험 수준으로 올라갔을 때 벌어질 수 있는 기후위기 시나리오를 그려보고자 합니다.

2050 기후위기 시나리오

기후위기를 극복하기 위해 지금 당장 행동하지 않는다면 어떻게 될까요? 지구의 평균 지표면 기온이 1.5°~2.0°C 또는 그 이상 상승한다면 어떻게 될까요?

UN IPCC(Intergovernmental Panel on Climate Change)가 발표한 제6차 보고서를 바탕으로, 파리협정에서 세계 각국이 줄줄이 탈퇴하거나 이산화탄소 배출 감축 약속을 이행하지 않아 지구 기온이 상승했을 때 일어날 가상의 시나리오를 그려보면 다음과 같습니다.

지구의 평균 온도가 1.5°C 상승했을 때

IPCC가 발표한 기후변화 시나리오(SSP2-4.5 기준)에 따르면, 2030년에는 1.5°C 정도 상승하고 2050년에는 2°C 남짓 상승합니다. 지구의 평균 온도가 0.5°C 상승할 때마다 전 세계적으로 가뭄, 폭염, 호우 등의 급격한 기후변화가 뚜렷하게 증가합니다. 그에 따라 전 세계에서 재앙적인 결과를 초래할 것으로 보입니다.

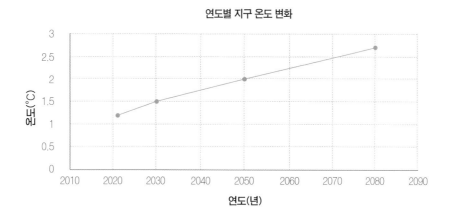

출처: IPCC 6차 보고서, SSP2-4.5[1]를 이산화탄소 배출량에 따른 지구 온도 변화를 중심으로 재구성

유럽연합위원회(European Commission)가 지난 2019년 발표한 자료에 따르면, 지금 우리가 기후변화와 환경보호를 위한 활동에 적극 나서지 않으면 우리 아이들의 미래가 위험합니다. 심각한 폭염으로 연간 사망자가 9만 명이 발생할 수 있으며[2], 기온이 4.3℃ 상승 시에는 16% 생물종이 멸종위기에 처할 수 있습니다.[3] 5℃ 상승 시에는 유럽연합 회원국에서만 66만 명의 기후 망명 신청이 생길 것으로 예상됩니다.[4]

호주 국립기후복원센터 정책보고서(2019)의 2050 기후변화 시나리오에 따르면, 2050년에는 지구 인구의 55%가 생존에 치명적인 폭염에 20일 이상 노출되고, 남아프리카, 지중해 남부, 서아시아, 중동, 호주 내륙, 미국 남서부 전역 등에서는 극심한 사막화가 일어납니다.[5]

지구 온도 상승이 인류의 삶에 미치는 영향

지구 온도가 1.5℃ 또는 그 이상 상승하면 사람들의 생활에도 변화가 생깁니다. IPCC가 2018년에 제시한 정책결정자를 위한 요약본에 따르면, 지구 온도가 1.5℃

상승하면 여름에 북극해의 빙하가 100년에 한 번 모두 녹을 확률이 아주 높다고 합니다. 그리고 지구 온도가 2℃ 상승하면 10년에 한 번 모두 녹을 거라고 합니다.[6] 사용 가능한 물이 줄어들어서 심각한 물 부족 상황을 겪게 될 것이라고 합니다. 지구 온도가 1.5℃ 상승 시에는 33억 4000만 명의 인구가 물 부족 상황에 노출되고, 이 중 4억 9600만 명이 취약한 상황에 놓이게 됩니다. 2℃ 상승 시에는 36억 5800만 명의 인구가 물 부족 상황에 노출되고, 이 중 5억 8600만 명이 취약한 상황에 놓이게 됩니다.[7] 그런가 하면 유럽연합에서는 매년 50만 명의 사람들이 강의 범람에 노출되고, 220만 명의 사람들이 해안침수에 노출될 거라고 합니다.[8] 이로 인해 유럽에서 집이 유실될 위험에 처한 사람들은 5000만 명에 육박할 수 있습니다.[9]

지구 온도 상승이 생태계에 미치는 영향

지구 생태계에도 변화가 생깁니다. IPCC 6차 보고서에 따르면, 영구동토층(1년 내내 얼어 있는 토양)이 계속 감소할 것이라고 합니다.[10] IPCC 1.5℃ 특별보고서에는 지구 온도가 지금보다 2℃ 상승하면 1.5℃ 상승했을 때보다 150만~250만 km² 의 영구동토층이 더 녹을 것으로 전망합니다.[11] 영구동토층이 많은 탄소가 함유하고 있다는 것이 큰 문제입니다. 영구동토층이 녹으면서 대기 중으로 배출되는 탄소는 지구의 온도를 더욱 높일 것이고, 높아진 지구 온도는 다시 영구동토층을 녹여 지구의 평균 온도 상승은 걷잡을 수 없게 되기 때문입니다.

또한 우리 삶과 밀접한 영향이 있는 농업, 축산업에도 영향을 끼칩니다. 호주 국립 기후복원센터 정책보고서에 따르면, 기후변화로 인해 세계 대부분의 지역에서 식량 생산이 감소하여 식량 가격이 급등할 것이라고 합니다. 유럽의 주요 식량 생산 지역에서는 곡물 수확량이 20% 감소할 거라고 합니다.[12] IPCC 정책결정자를 위한 요약본에 따르면, 지구 온도가 2℃ 상승하면 전 세계적으로 방목가축업에서 7~10% 손실이 납니다.[13]

해양 생태계에도 치명적인 영향을 미칩니다. 지구 온도가 지금보다 1.5℃ 상승하면 해양 생물종의 분포가 고위도로 이동할 뿐만 아니라 생태계 피해도 증가합니다. 해양의 산성화와 온도 상승으로 인해, 일례로 전체 산호초의 70~99%가 감소할 수 있습니다. 산호초는 다양한 해양 생물들에게 서식지가 되기도 하고 먹이를 제공하는 등의 중요한 역할을 합니다. 따라서 해양 생태계에 큰 변화가 생길 수밖에 없습니다. 우리 삶과 밀접한 어업에서는 지구 온도가 1.5℃ 상승하면 어획량이 150만 톤, 2℃ 상승하면 어획량이 300만 톤 정도 감소할 것이라고 합니다.[14]

지구의 평균 온도 상승과 비가역성

마지막으로, IPCC가 발표한 기후변화 시나리오를 환경의 특성과 연결해 설명하고자 합니다. 환경의 특성 중에는 '비가역성'이 있습니다. 본래 생태계는 항상성을 가지고 있어서 어느 정도의 오염에 대해서는 스스로 원래의 상태로 돌아가는 자정 능력을 발휘합니다. 하지만 일정 수준을 초과하면 원 상태로 회복되지 못합니다. 이것을 비가역성이라고 합니다. 환경의 이러한 특성을 용수철에 비유할 수 있습니다. 용수철은 외부로부터 힘을 받아 변형되었을 때 일정 수준까지는 본래의 형태로 모양을 복원합니다. 하지만 한계를 초과하면 모양이 영구히 변형되어 원래대로 돌아가지 않습니다. 많은 과학자들은 환경이 비가역성을 띠게 되는 한계점을 '1.5~2℃ 정도의 지구 평균 온도 상승'으로 보고 있습니다. 기후변화 시나리오에서 1.5℃ 상승 시, 2℃ 상승 시를 가정하고 미래사회를 그려보는 것도 그래서입니다.

만약 지구 온도가 1.5~2℃를 넘어서 걷잡을 수 없이 올라가 6℃까지 더 올라가면 인간은 물론이고 지구의 생명체는 대멸종의 위기에 직면할 수 있습니다. 지금 바로 우리가 신성 지구를 위해 무엇을 해야 할지 고민하지 않을 수 없는 이유입니다.

2050 기후변화 시나리오가 집약된 유럽연합 자료를 일부 소개하고자 합니다. 기후변화에 따라 예상되는 어마어마한 사회적 비용, 경제적 손실, 인명 피해 등을 살펴보고, 환경을 지키는 것에 대한 경각심을 갖고 학생들과 함께 환경 수업을 해나갈 때 도움이 되길 바랍니다.

기후변화에 적극적으로 대응하지 않을 경우, 미래 세대가 치르게 될 사회적 비용

대기오염	현재 대기오염으로 인한 조기 사망자는 연간 40만 명에 이름
폭염, 더위	폭염으로 인한 사망자가 연간 9만 명이 발생할 것으로 예상됨 5℃ 상승 시 유럽연합 내 연간 6만 6000개의 추가 망명 신청이 이루어질 것으로 예상됨 4.3℃ 상승 시 16%의 생물종이 멸종 위기를 겪을 것으로 예상됨
물 관리, 홍수	유럽연합의 남부 지역에는 이용 가능한 물이 40%로 줄어듦 매년 50만 명이 강의 범람 위험에 노출됨 매년 220만 명이 해안침수에 노출됨
경제	지구 평균 온도가 3℃ 증가함에 따라 연간 1900억 유로의 손실이 예상됨 전 세계적으로 강의 범람으로 집이 유실될 위기에 처한 사람들이 연간 5000만 명에 이를 수 있음 폭우, 폭설, 가뭄, 지진 등의 기상 이변이 2050년에 20% 식량 가격 상승을 가져올 수 있음 폭염 관련 사망으로 인한 경제적 비용이 연간 400억 유로 이상이 될 것으로 예상됨

위의 내용은 인류가 적절히 대응하지 않는다면 더욱 심각해질 것으로 예상됨

출처: European Commission, "What if we do not act", December 2019; 이혜경, 유럽 그린딜 논의 동향과 시사점, 2020

---

1) SSP2는 Shared Socioeconomic Pathways의 5가지 경로 중 하나인 Middle of the Road 경로이고 4.5는 RCP(Representative Concentration Pathway)의 4가지 중 위험도가 두 번째로 낮은 경로이다. 기후변화 시나리오는 SSPs와 RCPs를 함께 고려하여 몇 가지로 만들어진다. 여기서는 기후변화 시나리오 중 현실적으로 가능성이 높은 SSP2-4.5 경로를 기준으로 하여 글을 풀었다.
2) European Commission, "What if we do not act", December 2019. In European Commission's Joint Research Centre PESETA IV, in press.
3) European Commission, "What if we do not act", December 2019. In IPBES 2019, Global Assessment.
4) European Commission, "What if we do not act", December 2019. In A. Missirian & W. Schlenker, Asylum applications respond to temperature fluctuations, Science, Vol. 358, Issue 6370, pp. 1610–1614, 2017.
5) David Spratt & Ian Dunlop, Existential climate-related security risk: A scenario approach, 2019.
6) IPCC, 2018: Summary for Policymakers—Global Warming of 1.5℃.
7) IPCC, 2018: Special Report—Global Warming of 1.5℃, p.246. In Byers et al., 2018, Number of exposed and vulnerable people at 1.5℃, 2℃, and 3℃ for selected multi-sector risks under shared socioeconomic pathways(SSPs).
8) European Commission, "What if we do not act", December 2019. In European Commission's Joint Research Centre PESETA IV, in press.
9) European Commission, "What if we do not act", December 2019. In Internal Displacement Monitoring Centre, Assessing the impacts of climate change on flood displacement risk, 2019.
10) IPCC, 2021: Summary for Policymakers—Climate Change 2021: The Physical Science Basis.
11) IPCC, 2018: Summary for Policymakers—Global Warming of 1.5℃.
12) European Commission, "What if we do not act", December 2019. In COACCH, The economic cost of climate change in Europe, 2018.
13) IPCC, 2018: Summary for Policymakers—Global Warming of 1.5℃.
14) IPCC, 2018: Summary for Policymakers—Global Warming of 1.5℃.

3. 지구가 아프면 사람도 아프다

우리는 지금 코로나19 바이러스로 인한 세계적 팬데믹 상황을 3년째 겪고 있습니다. 그리고 이제 코로나19과 함께하는 단계적 일상 회복을 준비하고 있습니다. 코로나19의 발생 원인은 다양하지만, 많은 학자들이 최근의 감염병들은 인류의 욕심이 빚어낸 생태계 파괴와 기후변화가 그 원인이라고 합니다.

지구온난화로 인한 기후변화, 생태계 교란은 인간이 만든 결과라고 볼 수 있습니다. 산업혁명 이래 급격한 경제성장과 소비활동을 통해 더 많은 욕구를 충족시키는 과정에서 우리 삶의 터전인 지구의 생존까지 위협하는 있는 실정입니다.

동물과 사람 사이에 전파되는 감염병

코로나19와 함께 인수공통감염병에 대해 사람들의 관심이 높아졌습니다. 인수공통감염병(人獸共通感染病)은 동물과 사람 사이에 전파되는 병원체에 의하여 발생되는 전염병을 말합니다. 1918년 스페인 독감, 2009년 돼지 독감 등 동물성 바이러스가 인간 독감균과 재결합하여 발생한 것이 많습니다. 2010년 말에 질병관리청장이 고시한 인수공통감염병에는 이 외에도 일본뇌염, 브루셀라증, 공수병, 탄저병, 중증급성호흡기증후군, 변종 크로이츠펠드−야콥병, 결핵, 중증열성혈소판감소증후군 등이 있습니다.

인수공통감염병은 여러 경로로 전파가 되는데, 직접 감염의 경우는 감염병이 공기(→인플루엔자) 또는 물기와 타액(→광견병) 같은 매체를 통해 다른 동물과 인간에게 전파된다고 합니다. 그렇다면 인수공통감염병은 코로나19 및 환경과 어떤 관련이 있는 것일까?

결국 사람이 부른 감염병 팬데믹

2013년 콜린 웹 미국 콜로라도 주립대 교수팀의 연구에 따르면, 박쥐 몸에는 137종의 바이러스가 살고 있다고 합니다. 이 가운데 일부가 사람에게 전파될 수 있어서 WHO(세계보건기구)는 각종 감염병을 옮기는 동물 중 하나로 박쥐를 지목하고 있습니다.[1]

2019년 발생한 코로나 바이러스의 숙주로 거론되는 것도 박쥐입니다. 가오푸 중국 질병예방통제센터장은 "우한시의 수산물 시장에서 팔려나간 박쥐로부터 확산된 것으로 보인다"고 발표한 바 있습니다. 데이비드 후이 홍콩 중문대 교수는 홍콩 언론에서 "바이러스가 박쥐에서 발원한 뒤 우한시 화난 수산물 시장에서 다른 동물과 사람에게 감염됐을 가능성이 있다"고 말했습니다.[2] 질병관리본부도 중국 당국이 공개한 유전자 염기서열을 입수해 분석한 결과 신종 코로나 바이러스와 박쥐에서 유래한 사스 유사 코로나 바이러스의 유전자 및 단백질 유사성(상동성)이 89.1%라고 발표했습니다.[3] 다시 말해, 코로나 바이러스는 박쥐에서 나온 사스 바이러스와 사촌쯤 된다는 뜻입니다.

하지만 우리는 박쥐는 물론이고 코로나19 감염 사태의 중간 매개체라고 하는 사향

고양이나 뱀과 접촉할 일이 거의 없습니다. 만약 이러한 야생동물들과 사람이 한자리에 모일 만한 장소가 있다면 어떨까요? 우한시에 있는 화난 수산물 시장은 겉으로는 수산물 시장이라는 간판을 내걸었지만 가금류, 당나귀, 양, 돼지, 낙타, 여우, 오소리, 대나무쥐, 고슴도치, 파충류 등 살아 있는 야생동물도 판매합니다. 이 야생동물은 약용 또는 식용으로 팔려나갑니다. 콜린 웹 교수의 연구팀에 따르면, 야생동물을 잡거나 조리하는 과정에서 사람이 바이러스에 감염될 수 있다고 합니다.

"자연이 아프면 사람도 아프다"

현대사회는 인간의 수명이 늘어남과 동시에 만성 질환자나 면역 저하자가 많아진 데다 특정 지역에 밀집해 살아서 감염병이 빠르게 퍼지기 좋은 요건을 갖추고 있습니다. 도시 외곽이나 지방의 대규모 가축 사육도 바이러스가 출몰하기 좋은 환경입니다. 물질적 풍요와 산업화로 이산화탄소 배출이 늘면서 지표면 평균 기온이 상승해서 모기와

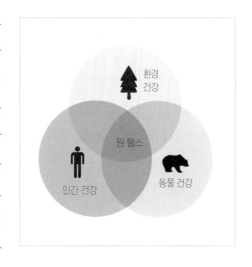

진드기 등 병원균 매개체의 서식 범위도 넓어졌습니다. 이렇다 보니, 한편에서는 코로나19를 포함한 인수공통감염병은 인간의 과도한 욕심이 부른 결과라고 말합니다.

"자연이 아프면 사람도 아프다"고들 합니다. 오염된 강물 위에 떠올라 죽은 물고기 떼, 숲이 벌목되어 삶의 터전을 잃은 오랑우탄, 태평양 한가운데 떠 있는 거대한 쓰레기 섬 등 병든 자연은 우리에게 똑같은 고통을 줍니다. 인간과 동물, 식물이 함께 살아가는 지구 생태계는 '원 헬스(One Health)' 체제인 것입니다. 이러한 관점에서 우리는 전 세계를 혼란에 빠뜨린 코로나19와 인간, 그리고 지구 환경에 대해 다시 한 번

깊게 고민해야 합니다.

코로나19, 그리고 환경교육의 전환

최근 환경에 대한 우려의 목소리가 높습니다. 특히, 비대면 일상이 증가하면서 배달 음식이나 택배 이용이 증가하고, 마스크 같은 일회용품 사용이 늘면서 쓰레기의 양 자체가 증가하였습니다. 인천환경공단 자원회수센터에 따르면, 코로나19 이전에는 쓰레기를 하루에 30톤 정도 처리했는데, 현재는 40톤 이상 처리한다고 합니다. 개개 인이 탄소 발자국 줄이기, 제로웨이스트 실천에 힘을 쏟고는 있지만, 공동체가 실천 에 함께하지 않는다면 의미가 없습니다. 그리고 이산화탄소를 많이 배출하고 있는 산 업계의 실천과 관련 기술 개발도 중요합니다.

교육계에도 변화가 필요합니다. 코로나19 이후, 환경오염과 기후위기로 인한 생태 계 파괴가 얼마나 심각한 결과를 초래하는지 더욱 실감하게 되면서, 삶의 전환을 요 구하고 있습니다. 기존의 환경교육이 소극적 환경운동, 자발적인 캠페인 활동 중심이 었다면, 앞으로의 교육은 우리의 환경문제를 공동체성에 입각하여 함께 해결해나가 는 역량을 기르는 교육이 필요합니다.

1) 시사저널, "인간의 탐욕이 '바이러스 저수지'를 깨웠다", 2020.2.30.
2) 시사저널, "인간의 탐욕이 '바이러스 저수지'를 깨웠다", 2020.2.30.
3) 질병관리본부 보도자료, "신종 코로나바이러스 분석 검사법 개발 착수", 2020.1.

4. 세계는 기후위기에 어떻게 대응하고 있을까

그린뉴딜이 뭔가요?

그린뉴딜이란 세계 대공황을 극복하기 위해 미국의 루스벨트 대통령이 추진했던 '뉴딜(New Deal)' 정책에 환경을 의미하는 '그린(Green)'을 합친 신조어입니다. 즉 뉴딜정책처럼 환경 관련 사업에 적극적으로 투자하여 기후위기를 극복하는 동시에 일자리도 창출하는 지속가능한 발전 정책이라 할 수 있습니다. 현재 전 세계가 코로나19로 인해 사회문화적 혼란을 겪고 있으며 경기침체에 대한 우려의 목소리가 높아지고 있습니다. 또한 코로나19의 원인 중 하나로 환경파괴와 기후위기를 꼽으며 환경문제에 대한 관심을 촉구하고 있습니다. 세계 여러 나라에서 그린뉴딜에 주목하고 있으며, 우리나라도 지난 2020년에 한국판 그린뉴딜을 발표하고 탄소중립을 목표로 지속가능한 정책을 추진하고 있습니다.

인류의 빈곤 · 기후변화 · 불평등 문제 해결을 위한 17가지 목표(SDGs)

왜 그린뉴딜을 해야 할까?

현재 세계 여러 나라에서 그린뉴딜 정책을 중요하게 제시하고 있습니다. 유럽연합은 2019년 유럽집행위원회에서 '유럽 그린딜'이라는 정책 제안을 발표했고, 미국의 바이든 대통령 역시 2021년 취임 즉시 2050년까지 탄소중립을 목표로 친환경 자동차, 스마트 · 그린시티 건설 등 그린뉴딜 분야에 대대적인 투자를 할 것을 약속하였습니다. 우리나라도 2020년에 한국형 그린뉴딜 정책을 발표하였습니다.

이렇듯 전 세계가 그린뉴딜에 주목하는 이유는 무엇일까? 첫째는 그린뉴딜이 포스트 코로나 시대의 새로운 성장 동력이 될 수 있기 때문입니다. 그린뉴딜의 기본 방향은 환경 인프라에 투자하는 것입니다. 즉 인류가 지구에서 계속 생존할 수 있도록 친환경적으로 에너지(발전) 및 산업 구조 개편에 힘쓰며, 이 과정에서 수많은 일자리를 창출한다는 것입니다.

둘째는 새로운 산업혁명에 맞는 새로운 인프라가 필요하기 때문입니다. 화석연료를 기반으로 하는 1차, 2차 산업혁명 인프라는 앞으로 수조 달러에 이르는 좌초자산이 될 것이라고 합니다.[1] 대표적인 예로 석탄발전소가 있습니다. 과거에는 경제성이 있는 산업이었으나 그 가치가 급속하게 하락하여 현재는 좌초위기 산업입니다. 앞으로 친환경 에너지 및 신재생 에너지를 기반으로 새로운 인프라를 구축하지 않으면 심각한 경제위기에 직면할 수 있습니다.

셋째는 미래사회의 심각한 사회문제인 경제적 불평등, 일자리, 환경위기를 해결할 수 있는 대안으로 적합하기 때문입니다. 기후위기에 가장 큰 타격을 받는 계층은 사회 취약층입니다. 급변하는 사회에 발 빠르게 대응하기 어려운 사회 취약층은 위험에 쉽게 노출됩니다. 미래에는 환경적, 시대적 요구에 의해 많은 일자리들이 사라지고 대체되는데, 이를 방치한다면 심각한 경제적 불평등 문제가 발생할 수 있습니다. 또한 기후변화로 인해 발생하는 홍수, 폭염, 물 부족 등은 주거 및 생계가 불안정한 사회 취약층에게 더욱 직접적인 위험으로 작용할 것입니다.

마지막으로, 2100년까지 지구의 평균 기온이 1.5℃ 이상 상승하지 않도록 하기 위해서입니다. IPCC 1.5℃ 특별보고서는 지구의 평균 기온이 현재보다 1.5℃, 2℃ 상승했을 때 기온 상승이 지구 생태계에 끼치는 영향과 우리 삶의 변화에 대한 예측 시나리오를 제시하면서, 온실가스 배출량을 2030년까지 2010년 대비 45% 감축, 2050년에는 넷 제로(Net Zero, 온실가스 배출량과 자연 상태에서 흡수하는 양이 정확히 균형을 이르는 지점)를 달성할 것을 권고하였습니다.[2] 이를 달성하기 위해서는 친환경 자동차 및 청정 에너지 인프라 확대, 도시·공간·생활 인프라의 녹색 전환, 녹색산업 혁신 생태계 구축 등 구체적인 실천이 뒤따라야 합니다. 그리고 이를 가능하도록 뒷받침하는 정책이 그린뉴딜 정책입니다.

그린뉴딜의 주요 정책[3]

앞에서 살펴본 그린뉴딜의 필요성은 그린뉴딜 정책이 해결해야 할 핵심 과제이자 동시에 막대한 자금을 투자하지 않는다면 결코 해결할 수 없는 문제이기도 합니다. 그린뉴딜 정책을 채택한 국가들의 정책에는 주요한 공통점이 있습니다.

첫째는 건축·건물 분야 정책입니다. 기존 건물의 에너지 효율이 낮다면 에너지 효율을 높이면서도 친환경적으로 개선하고, 새로운 건물은 환경적 요소를 고려하여 에너지 사용과 탄소 배출을 줄이는 방향으로 설계해야 합니다. 또한 취약 계층을 위한 주거 공간을 확보하고 기후변화에 따른 기후 위협에도 대응해야 합니다.

둘째는 친환경적인 수송·교통정책입니다. 최근 전기차의 수요가 꾸준히 증가하고 있지만 아직 대부분의 운송 수단은 화석연료를 사용하고 있습니다. 화석연료 보조금을 감축하고 탄소 저배출 차량의 충전시설을 확충하는 정책을 통해 탄소 배출을 저감해야 합니다.

셋째는 스마트 전력 그리드를 구축하는 것입니다. 화석연료 기반의 전력 생산 방식을 친환경 에너지 기반의 분산적 방식으로 전환하고, 최대한 재생 가능한 에너지원을 통해 필요한 에너지를 조달하는 것입니다.

넷째로 IoT 및 빅데이터 등 디지털 인프라를 구축하는 것입니다. 이를 통해 에너지 및 자원 소비를 효율적으로 관리하고 에너지가 낭비될 때 대책을 마련하는 것입니다. 즉 스마트 시스템을 통해 에너지 관리를 자동화하고 낭비되는 부분을 바로바로 찾아 분석하여 개선, 보완하려는 노력입니다.

다섯째로 친환경 에너지 발전 설비 확충 및 개발에 투자하는 것입니다. 탄소 배출로 심각한 기후위기를 초래하는 화석연료 발전에서 친환경 에너지 발전으로 전환하기 위한 노력입니다.

여섯째로 지구 생태계를 보전하고 복원하는 사업을 하며, 마지막으로 공정전환기금(Just Transition Fund)을 조성하여 친환경 에너지로 인프라를 전환하면서 관련 새로운 일자리 전환을 지원하고 보조합니다.

학교와 그린뉴딜

그린뉴딜과 학교에 사이에는 어떤 연관 관계가 있을까? 그린뉴딜의 핵심 정책 중 하나가 건물·건축 분야입니다. 따라서 그린뉴딜 정책을 바탕으로 학교 역시 노후한 시설을 개선하되 에너지 소비 효율을 높이고, 친환경 디지털 시스템 확대를 통해 학교 공간을 혁신해야 할 것입니다. 여기에는 막대한 예산이 사용되는 만큼 한 명의 시민으로서 학생과 교사는 예산이 낭비되지는 않는지, 적절하게 사용되는지를 감시하고 비판할 수 있어야 합니다.

우리 학생들이 제4차 산업혁명 인프라 속에서 새로운 일을 많이 할 것을 생각하면, 어른들은 지구 생태계 보호와 그린뉴딜에 더욱 관심을 가지고 참여해야 합니다.

그린뉴딜 외의 환경정책

그린뉴딜을 포함한 모든 환경정책의 핵심 목적은 탄소중립을 달성하는 것입니다. 파리기후변화협약에 가입한 국가들은 온실가스 감축 목표를 제시하고 이를 달성하기 위한 계획을 세워야 합니다. 그런 가운데 최근 국제사회에서는 2030년까지 탄소 배출량 감소 목표치를 상향 조정하고 있습니다. 기후위기에 대해 지금보다 강하게 대응하지 않으면 코로나19 이상의 큰 위기가 도래할 수 있다는 국제적 공감이 있기 때문입니다. 이에 따라 유럽연합은 2021년 7월에 2030년까지 탄소를 1990년 수준 대비 55%를 감축하기 위한 법안 'Fit for 55'를 발표하였습니다. 이 법안의 주요 내용은 1. 배출권거래제를 신설하거나 강화하고, 2. 탄소국경조정제도를 도입하고, 3. 에너지 관련 지침을 제정하고, 4. 화석연료를 사용하는 내연기관을 규제하고 친환경 연료 인프라 확충하는 것입니다.

미국은 2030년까지 온실가스를 2005년 대비 50~52%를 감축하겠다고 발표했습니다. 또한 탄소국경세 도입을 논의 중입니다. 우리나라는 2021년 8월 31일 탄소중립기본법을 국회에서 통과시키면서 세계에서 14번째로 탄소중립을 법제화한 국가가 되었습니다. 이어 10월 27일 국무회의에서 '2030 NDC(국가온실가스 감축 목표)' 및 '2050 탄소중립 시나리오'를 확정하였고, 2030년까지 온실가스를 2018년 대비 40% 감축하기로 하였습니다.[4]

영국, 그리고 독일의 기후변화 대책

산업혁명 발상지인 영국은 구체적으로 어떤 기후변화 대책을 세우고 있는지 살펴볼 필요가 있습니다. 2019년 세계 주요 국가 중 가장 먼저 2050 탄소중립 달성을 선언한 영국은 기후변화에 민감하게 반응하며 다양한 에너지 정책을 발표하고 있습니다. 기계와 대량생산으로 상징되는 산업혁명이 일어났던 영국은 풍부한 석탄과 철강 자원을 바탕으로 산업을 꽃피웠고 인류 역사를 바꾸어놓았습니다. 하지만 석탄으로 기계를 돌리는 과정에서 온실가스의 주범인 이산화탄소가 발생했습니다. 영국은 이제 또한 번의 산업혁명을 준비 중입니다. 그것은 바로 녹색산업혁명입니다.

영국은 2025년까지 모든 화석연료를 없애겠다고 선언하였습니다. 2017년부터 '석탄 없는 날'을 지정해 석탄화력발전소를 멈췄고 2020년에는 18일간 '석탄 없는 날'을 운영하였습니다. 영국은 석탄 대신에 친환경, 신재생 에너지로 교체 중에 있습니다. 상대적으로 얕은 해수와 북해에서 불어오는 강한 바람을 이점으로 한 해상풍력발전을 집중 육성하는 등 2050 탄소중립에 다가가고 있습니다.

그런가 하면 독일은 1980년대부터 현재까지 지속적으로 환경교육을 해오고 있습니다. 그보다 앞선 1935년에는 자연보호법(초기에는 지금 우리가 말하는 의미의 자연보호는 아니었으나 이후 지속가능한 개발과 환경보호의 의미가 더해짐)을 제정했으며, 1970년대에는 산업화에 따른 환경문제가 발생하자 환경정책을 강화하였습니다. 이와 같은 흐름 속에서 환경교육에도 힘을 쏟았습니다.

환경교육이 이전에 자연보호 수준에서 이뤄졌다면 1970년대부터는 환경문제에 초점을 맞추어 이루어졌습니다. 특히, 1990년대부터 독일의 환경교육은 정부의 적극적인 지원 아래 환경보전과 지속가능성을 중심으로 이뤄집니다. 초등교육부터 대학교육까지 지속가능발전교육(ESD: Education for Sustainable Development) 프로그램을 운영합니다. 교원을 양성할 때도 환경교육과 지속가능발전교육을 의무화하였습니다. 이러한 독일의 환경교육은 환경문제를 해결할 수 있는 역량을 갖춘 글로벌 인재 양성으로 이어지며, 다른 나라의 환경교육에도 하나의 모델을 제시하고 있습니다.

온실가스 감축을 위한 탄소배출권거래제

탄소배출권거래제란 1997년 일본 교토에서 열린 제3차 유엔기후변화협약에서 채택된 교토의정서 17조에 규정되어 있는 온실가스 감축 정책입니다. 국가가 경제 주체들을 대상으로 배출허용총량을 정하고, 경제 주체들은 각각 정해진 배출허용범위 내에서 온실가스를 배출하는 것입니다. 이러한 권리를 배출권이라고 하며, 배출권은 기업 간에 자유로운 거래가 가능합니다. 즉 할당받은 배출허용범위보다 적게 배출한 기업은 배출권을 판매하고 배출허용범위보다 많이 배출한 기업은 배출권을 구매할 수 있습니다. 우리나라의 경우 '저탄소 녹색성장기본법 제46조'에 의거하여 법률이 제정되었고 2015년 1월 1일부터 시행 중입니다.

배출권 허용 총량

배출권 허용 총량을 제도 시행 전에 확정하며, 시간이 지남에 따라 탄소배출권 총량을 감소시켜 국가 감축목표에 부합하도록 설정합니다. 이렇게 하는 이유는 기업들도 국가 계획에 따라 계획을 세우고 친환경 인프라에 투자할 수 있기 때문입니다.

보통 국가는 배출권을 할당할 때 과거 배출량(GP 방식)과 배출성과(벤치마크 방식)를 바탕으로 무상할당할지 유상할당(경매)할지 결정합니다. 우리나라는 배출권거래제 1차 계획기간('15~'17)에는 100% 무상할당, 2차 계획기간('18~'20)에는 유상할당 업체에 한해 3% 유상할당, 3차 계획기간('21~'25)에는 10% 유상할당을 하고 있습니다. 이때 할당 대상은 계획기간 4년 전부터 3년간 온실가스 배출량의 연평균 총량이 12만 5000톤 이상 업체 또는 2만 5000톤 이상인 사업장을 하나 이상 보유한 업체, 자발적으로 할당 대상 업체로 지정한 업체입니다.

우리나라의 배출권거래제 할당량은 1차 계획기간에는 16억 8990만 톤, 2차에는 17억 7710만 톤이었으며, 3차에는 30억 4820만 톤입니다.

배출권 할당 방식

유상할당은 시장에 맡기므로 가장 효율적인 방식입니다. 또한 탄소 가격을 공개하고 거래를 장려하므로 탄소 시장을 활성화할 수 있습니다. 반면에 무상할당은 유상할당 방식에 비해 다소 비효율적이지만, 기존의 탄소 집약적인 인프라 및 공정에 대한 보상을 받을 수 있고, 배출권 거래제 도입 초기에 적응을 하는 데 도움이 됩니다. 도입 초기부터 유상할당 방식을 적용하면 배출량이 많은 기업은 이러한 규제가 약한 지역으로 생산 설비를 옮겨서, 결과적으로 국가 경제에는 부정적인 영향을 끼치고 배출량은 전혀 줄이지 못하는 상황이 발생할 수 있기 때문입니다.

무상할당은 과거 배출량 기반의 할당 방식과 배출성과 기반의 할당 방식이 있습니다. 과거 배출량 기반의 할당 방식에서는 일정 기간 동안 기업의 배출량을 기준으로 무상할당량을 결정합니다. 배출량만 기준으로 하므로 검토해야 하는 자료가 많지 않아서 비교적 간단합니다. 그러나 할당을 받기 훨씬 전에 배출량 감축에 투자한 기업의 경우, 적은 배출권을 할당받아 불이익을 받을 수 있습니다. 배출성과 기반의 할당 방식은 제품 또는 특정 부문 전체의 배출 강도에 따라 정해진 배출성과를 기준으로 무상할당을 결정합니다. 이 방식은 과거 배출량 기반 할당의 문제점을 해결할 수 있으나 복잡한 데이터와 산업 공정에 대한 철저한 이해를 필요로 합니다.

1) 한겨레신문, 제러미 리프킨 "탄소배출 제로 인프라 구축, 20년 이내 할 수 있다", 2020.6.10.
2) IPCC, 2018: Summary for Policymakers—Global Warming of 1.5℃.
3) 이주미, 「주요국 그린뉴딜 정책의 내용과 시사점」, Kotra, 2021.1.; 정영욱, 오태현, 「EU 탄소감축 입법안('Fit for 55')의 주요 내용과 시사점」, KIEP, 2021.7.22.; 김수현·김창훈, 유럽 그린딜의 동향과 시사점, 에너지경제연구원, 2020.
4) 아주경제, "2030년까지 온실가스 40% 감축"…탄소중립 시나리오, 국무회의 통과, 2021.10.27.

5. 지구를 위한 우리들의 실천! 제로웨이스트 챌린지

기후변화를 막기 위해서는 전 세계인의 실천이 필요합니다. '나 하나쯤이야'가 아닌 '나부터 지금 실천한다'의 마음가짐이 필요합니다. 환경을 지키고자 하는 세계적인 노력과 미래사회의 주역인 청소년의 환경운동, 그리고 우리나라의 실천들과 교육적 노력을 살펴보겠습니다.

제로웨이스트 챌린지가 뭔가요?

유럽플라스틱제조자협회에 따르면 2015년 우리나라의 연간 플라스틱 소비량은 1인당 132.7kg으로 63개 조사국 가운데 미국(93kg), 중국(58kg)을 제치고 세계 3위를 기록하였습니다. 그런 가운데 에너지와 자원 낭비를 막는 한 가지 방안으로, 폐기되는 자원을 최소화하는 제로웨이스트 챌린지(Zero Waste Challenge)가 주목을 받고 있습니다.[1]

제로웨이스트란 환경을 보호하기 위해 쓰레기 배출량을 줄이는 캠페인을 말합니다. 개인이 일상생활에서 쓰레기 발생을 줄인 사례와 자신만의 쓰레기 줄이는 방법 등을 공유하는 방식으로 이뤄집니다. 원래 제로웨이스트란 용어는 제조 및 생활 폐기물 관리 관행을 나타낼 때 쓰는 용어였습니다. 그런데 미국의 비 존슨(Bea Johnson)이 쓰레기 없는 생활을 실천하면서 2009년 자신의 블로그에 공유하였고, 이것이 널리 퍼지면서 제로웨이스트 라이프 스타일 운동으로 확산됩니다. 현재는 쓰레기 배출을 0(제로)에 가깝게 최소화하자는 취지로, 일상생활에서 쓰레기 발생을 줄인 사례를 SNS에 공유하고 '#제로웨이스트챌린지', '#Zerowastechallenge' 등의 해시태그를 붙여서 지인이 참여하게 하는 방식으로 캠페인이 이루어지고 있습니다. 물리적 거리에 상관없이 세계적인 관심을 유도하고 누구나 참여할 수 있다는 장점이 있습니다.

제로웨이스트의 구체적인 방법으로는 개인 용기에 음식 포장하기, 남은 재료를 활용해 요리하기, 옷 수선해서 입기, 손수건 사용하기, 텀블러와 장바구니 사용하기, 플라스틱 빨대 사용 자제하기 등이 있습니다.

최근 배달 및 포장 서비스 급증으로 인한 플라스틱 쓰레기, 일회용 마스크와 위생장갑 폐기물이 엄청나게 쌓이고 있습니다. 그에 따라 쓰레기 감축에 대한 중요성이 높아지고, 제로웨이스트 챌린지에 대한 관심도 크게 증가하고 있습니다.

우리나라의 제로웨이스트 캠페인

2020년부터 우리나라에서도 환경에 대한 우려가 커지며 제로웨이스트 운동에 많은 관심이 생겼습니다. 친환경적인 제로웨이스트 숍들과 관련 매거진이 생겨났습니다. 쓰레기 중에서도 가장 큰 골칫거리인 플라스틱을 대체할 생분해 플라스틱에 대한 연구도 다양하게 이뤄지고 있습니다. 현재 사용하고 있는 생분해 플라스틱 외에 더 친환경적인 생분해 플라스틱 소재가 연구, 개발되고 있습니다.

한편 일선 학교에서도 환경교육의 하나로 제로웨이스트 운동을 실천하며 학생들에게 환경문제에 대한 의식을 키워주고 있습니다.

미국의 제로웨이스트 캠페인

2000년대에 들어 환경 분야에서도 소셜 인플루언서들의 영향력이 더욱 커지면서 개인의 SNS에서뿐만 아니라 언론, 기업이 소셜 인플루언서들의 환경운동에 동참하거나 이를 확산시켰습니다. 친환경적인 재료와 방식으로 제품을 생산하거나 포장하였고, 이를 구매하는 소비자들에게 친환경적인 삶의 방식을 전파하였습니다.

제로웨이스트 캠페인은 미국의 비 존슨으로부터 시작되었다고 볼 수 있습니다. 비 존슨은 2006년부터 미니멀한 삶의 방식을 추구하면서 쓰레기 없는 일상생활을 실천했습니다. 그리고 2009년부터 블로그에 자신과 가족이 실천한 제로웨이스트 라이프 스타일을 공유했습니다. 미니멀리즘에 대한 자신의 생각과 쓰레기를 줄이는 방법에 대한 실용적인 내용을 블로그에 올렸습니다. 쓰레기를 줄이는 실천적 방법으로 5R을 강조했습니다.

5R은 refuse(거절하기), reduce(줄이기), reuse(재사용하기), recycle(재활용하기), rot(썩히기)의 약자입니다. 현재 우리나라에서 벌어지고 있는 제로웨이스트 운동과 연결해 풀이하면 다음과 같습니다.

Refuse 필요 없는 일회용품을 거절해요!
Reduce 플라스틱 용기를 줄이기 위해 노력해요!
Reuse 다시 쓸 수 있는 용기는 재사용해요!
Recycle 재활용 제품을 사용해요!
Rot 생분해되는 제품을 사용해요!

비 존슨은 블로그에 올렸던 내용을 바탕으로 책을 출간했습니다. 바로 『Zero Waste Home』입니다. 이 책은 출간되자마자 미국에서 엄청난 인기를 끌었으며, 프랑스, 독일, 일본, 러시아 등 여러 나라에서 번역 출간되었습니다. 우리나라에서도 2014년에

'나는 쓰레기 없이 산다'란 제목으로 번역 출간되었습니다.

제로웨이스트 챌린지 환경교육

인천 S초등학교는 2021년 4월 과학의 달을 맞이하여 선·교생이 함께하는 제로웨이스트 챌린지를 하였습니다. 기후위기 대응 환경실천력을 함양하고 공유의 가치 실천을 위한 플라스틱 제로 활동을 '플라스틱 제로 축제'로 발전시켰습니다. '기후', '환경', '지속가능한 개발'을 주제로 교과융합 프로젝트 수업을 하였으며, 청소년 단체 및 자치회와 연계하여 플라스틱 제로 챌린지 활동을 홍보하였습니다. 그리고 온 교육공동체가 플라스틱 제로 일기를 한 달간 작성하여, 학생들이 지속가능한 실천력을 함양할 수 있도록 하였습니다. 활동 기념품으로는 씨앗과 연필을 주어, 가정과 연계하여 생명의 소중함, 자원 절약의 필요성, 자원순환의 가치를 늘 느낄 수 있도록 하였습니다.

자원순환 챌린지 캠페인

자원순환 챌린지 놀이

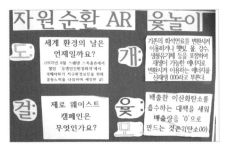

자원순환 AR 윷놀이

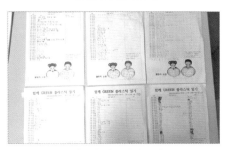

플라스틱 제로 일기 쓰기

제로웨이스트 챌린지 환경교육의 주요 장면

업사이클링 생활용품 만들기

청소년 마을 축제 참가

재능나눔 환경보호 활동

세계시민교육 공감 캠페인

세계시민교육 영상(굿네이버스)

환경보호 홍보 자료 제작과 캠페인

---

1) 민주영, 김숙연, 정시내, 김현석, 이경아, 박은희, 김지숙, 조경숙, 「지속가능발전목표(SDGs)에 기반한 업사이클링 주제의 환경공학교육프로그램 개발 및 효과」, 『한국환경교육학회 학술대회 자료집』, 2019, 149–155pp.

행동하는 청소년 그레타 툰베리

그레타 툰베리는 2003년에 스웨덴에서 태어난 청소년 환경운동가입니다. 전 세계에 큰 영향을 끼쳤습니다. 툰베리는 어린 시절 아버지의 영향으로 기후변화에 관심을 가졌고, 8살 때부터 기후변화와 환경문제에 대한 공부를 시작했습니다. 하지만 어른들은 어린아이의 목소리에 귀 기울여주지 않았습니다. 이후 그녀는 우울증을 겪으며 아스퍼거 증후군과 강박 장애 및 선택적 함묵증이라는 진단을 받게 됩니다. 그럼에도 툰베리는 환경문제에 대한 공부와 행동을 계속하였고, 2018년 8월에는 스웨덴 의회 앞에서 피켓을 들고 스웨덴 정부를 향해 기후위기 대응에 나설 것을 요구하며 시위하였습니다. 그리고 자신의 시위 사진을 인스타그램과 트위터에 게시하였습니다.

그렇게 시작된 툰베리의 시위는 커다란 파장을 몰고 왔습니다. 2018년 10월 이후에는 유럽 전역에서 툰베리의 시위에 관심을 갖게 됩니다. 그리고 2018년 12월 스웨덴 총선 이후부터는 매주 금요일에만 시위를 하는데, 전 세계 곳곳에서 학생들이 금요일의 시위에 동참하게 됩니다. 이 운동은 수만에서, 수십만, 나아가 수백만 학생들의 동참을 이끌어냅니다.

2019년 그레타 툰베리는 『타임』이 선정하는 '올해의 인물'에 오릅니다. 2019년 노벨 평화상 후보에까지 오르며, 기후운동을 넘어 미래 시대의 아이콘으로 등극했습니다. 툰베리는 미래 세대를 대표하여 현 세대에게 환경문제에 대한 책임을 물으며 직접 실천과 행동할 것을 요구하고 있습니다.

사진 출처: Anders Hellberg

6. 기후위기 대응,
교육을 통해 시작하다

우리나라의 환경교육정책

2020년 7월 14일 한국판 뉴딜종합계획을 발표했습니다. 그리고 교육부는 2020년 10월, 학생들을 직접 만나서 '기후위기 대응, 교육을 통해 시작하다'라는 주제로 환경교육정책 대화를 했습니다. 이 대화에서 기후위기 대응 교육이 학생들이 어릴 때부터 이뤄질 수 있도록 지원하는 것에 초점을 두고 학교 수업 속에서 실질적으로 반영되도록 약속했습니다.

교육부의 환경교육은 다음과 같이 세 가지 방향으로 추진되었습니다.[1]

1. 지속가능한 사회를 위한 환경학습권 보장

– 학생 교육과정 및 학습 지원

– 교원 환경교육 역량 제공

2. 탄소중립 사회로의 전환을 위한 학교 환경교육장 구축

– 자연과 함께하는 학교 환경교육

– 지속가능한 삶 실천 문화 조성

3. 신기후체제 대응을 위한 실행체계 혁신

– 학교 환경교육 법령체계 개편

– 학교 환경교육 조직체계 강화

'지속가능한 사회를 위한 환경학습권 보장'에 대한 내용을 구체적으로 살펴보면 다음과 같습니다: 첫째, 환경교육을 하기 위한 가장 기본적인 바탕을 마련한다. 둘째, 교육부는 학생들이 배울 수 있는 환경교육 교재, 교구, 프로그램과 앱(예: 기후행동 1.5℃) 등을 개발하여 보급한다. 셋째, 교원의 연구 환경 조성, 연수 운영, 양성과정 편성으로 적극적으로 지원한다.

'탄소중립 사회로의 전환을 위한 학교 환경교육장 구축'에 대한 구체적인 내용은 다음과 같습니다: 첫째, 탄소중립 생활을 실천하기 위해 학생들이 직접 학교에서 배출되는 탄소량을 측정해보고 감축을 위한 실천을 하면서 온실가스를 줄이기 위한 노력을 한다. 둘째, 지역사회의 자원을 충분히 활용하기 위해 지역 기반 환경교육, 장소 기반 환경교육, 학생 참여형 프로그램 리빙랩(Living Lab) 등을 개발하여 학생들이 생활 속에서 지속가능한 삶을 꾸준히 실천할 수 있는 분위기를 조성한다.

'신기후체제 대응을 위한 실행체계 혁신'을 위한 구체적인 내용은 다음과 같습니다: 첫째, 교육부와 교육청의 책임과 역할의 근거를 마련하기 위해 학교 환경교육 법령을 개편하는 한편 환경교육정책 연구에 힘쓴다. 둘째, 학교 환경교육 및 탄소중립 추진 전담기관을 편성하고 학교 환경교육을 위한 온라인 공유 플랫폼을 운영한다.

그리고 이를 실행하기 위한 전담기관 편성과 역할은 다음과 같이 이루어집니다.

학교 환경교육 지원 체계

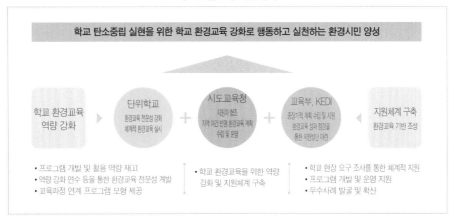

학교 환경교육을 위한 공유 플랫폼은 다음과 같이 구성, 운영됩니다.

학교 환경교육 플랫폼 메뉴 구성

프로그램	정보 제공	조사 자료	커뮤니티
학생(학교급별)	정책/환경 체험관	실태/인식 조사	학생 환경 동아리
학부모	우수 사례/실천 행동	만족도 조사	교원 전문적학습공동체
교직원	강사 인력 풀/공모전	학교 환경교육 통계	학교 환경교육 네트워크

교육부의 환경교육 방향성에 따라 인천광역시교육청은 기후위기 대응 생태·환경교육 계획을 세워 추진하고 있습니다. 기후위기시대 속에서 생태적 삶의 전환을 실현하는 지구생태시민을 양성하고자 하는 목표로 상세한 추진 과제를 설정했습니다. 이에 따라 일선 학교에서 환경교육을 하도록 권고하고 있습니다.[2]

인천광역시교육청은 두 가지 측면을 중점으로 다음과 같이 추진과제를 설정했습니다.

1. 기후위기 대응 및 기후생태환경교육 기반 구축

– 쓰레기 감축, 탄소중립학교 실현

– 햇빛 발전소 운영

– 채식급식 선택제

– 기후위기대응교육센터 설립 및 운영

2. 기후생태환경교육 확대

– 인천형 생태시민 교육과정 운영

– 기후생태환경교육 시범실천 학교 및 동아리 운영

– 학교숲, 텃밭 조성 및 활용 교육

– 생태치유 프로그램 운영

인천광역시교육청이 2021년 12월에 발행한 「2022년 인천교육계획」에도 이러한 흐름이 반영되어 있습니다. 특히, 학교숲과 교실숲 등을 조성하고 학교 텃밭을 활성화하여 학교에서 생태 감수성을 충분히 함양할 수 있는 바탕을 마련할 수 있을 것입니다. 그리고 인천 생태 모니터링 플랫폼을 구축하고 운영할 뿐만 아니라 인천–경남–제주 협력 제비 모니터링과 같이 지역 간 환경교육 교류가 이루어질 것으로 기대됩니다.

이제 우리들의 노력이 필요하다

기후·생태·환경교육을 바라보는 교육부, 교육청 그리고 각 학교의 시각들을 알아보았습니다. 모든 사람이 환경오염의 심각성을 알고 그 위기감을 피부로 느끼고 있습니다. 이제는 이 책을 읽는 우리들이 시작할 차례입니다.

학교에서 학생들이 직접 만들어보고 원리도 탐구할 수 있는 환경융합수업 프로그램을 고안해보았습니다. 우리 생활 속의 소재를 활용하여 학생들의 호기심을 자극하고 환경 감수성을 높이기 위해 환경 어벤져스 선생님들이 모였습니다.

이 책 2부와 3부에는 실제 환경 수업 사례 중 원리 탐구로 깊이 생각하고, 때로는 비교적 가벼운 마음으로 도전할 수 있는 활동들이 많이 있습니다. 이 책을 읽으면서 조금 더 마음이 가는 활동들을 학생들과 함께 도전해보시길 바랍니다.

---

1) 박재희, 「기후위기 시대, 탄소중립 실현을 위한 학교 환경교육」, 『행복한 교육』 2021년 6월호, 33–34pp.
2) 인천광역시교육청, 징학교실 〉 기후생태환경교육(ice.go.kr/sub/info.do?m=031001&s=ice)
3) 인천광역시교육청, 「2022년 인천교육계획」, 2021, 58–72pp.

7. 지속가능한 환경융합 수업 프로그램 개발하기

코로나19로 교육 현장이 한창 혼란스러웠던 2020년 4월, 기후와 환경에 대한 관심이 높아지면서 우리는 환경 수업에 대해 다시 한번 고민하게 되었습니다. '코로나로 어려운 이 시기에 우리는 학생들에게 어떤 환경교육을 전개하면 좋을까?', '지속가능한 환경 수업은 어떤 모습일까?'

혼자서는 답이 잘 나오지 않아서 이러한 고민을 동료 선생님들과 함께 공유하고 해결해야겠다는 생각으로 'Eco-STEAM(에코스팀)'이라는 환경교육 전문적학습공동체를 만들었습니다. 그리고 다음과 같은 주제로 이야기를 나누며, 수업에 어떻게 적용할지 함께 고민하였습니다.

[담론1 예시]

– 코로나19 바이러스는 전 세계 인류에게 주는 환경적 경고 메시지이다.

– 환경교육은 이제 인류의 생존을 위한 절박함의 관점으로 접근해야 한다.

– 1년에 환경교육 필수 시수 몇 차시라는 수동적인 방식에서 벗어나자.

– 핵심성취기준 분석 및 교육과정을 재구성해 환경융합 프로젝트 수업을 진행해보자.

– 미래핵심역량 4C를 현재 상황과 환경문제를 중심에 두고 미래교육의 일환으로 재구성해보자.

[담론 2 예시]

1. 환경문제가 코로나19 바이러스의 한 가지 원인으로 보인다. 앞으로 제2, 제3의 코로나를 막고 인류의 생존을 위해서, 현재 교육에서 아주 중요하게 다뤄져야 할 것은 바로 지구를 살리는 환경교육의 활성화라는 데 의견을 모으게 되었다. (환경교육의 중요성)

2. 기존의 환경교육과 차별성이 있고 코로나 시기에도 또 그 이후에도 지속가능한 환경교육과 수업 모델이 필요하다는 것을 느꼈다. (환경 수업 모델의 필요성)

   –'쓰레기를 줄이고 자원을 절약하자'와 같은 구호성 환경교육과는 차별화되는 Eco-STEAM 환경 수업 모델을 만들어보자.

   – 환경 감수성의 가치를 중심에 두고 교육과정과 연계한 환경 프로젝트, 공작 활동, 원리 탐구, 솔루션 등 학생들의 호기심을 불러일으키고 미래핵심역량을 향상할 수 있는 환경융합 프로그램을 개발해보자.

이러한 담론들을 바탕으로 Eco-STEAM에서 육성하고자 하는 인재상 캐릭터도 만들어보았습니다.

환경교육은 본질적으로 실생활과 연결될 수밖에 없으며, 다양한 환경문제를 해결하기 위해 학교에서 배우는 교과 지식들이 융합적으로 활용되어야 한다고 생각했습니다. 그리고 학생들이 환경에 대한 위기감과 문제의식을 내면화하는 환경 감수성을 바탕으로, 무엇이든 만들어낼 수 있는 기술 역량과 그 속에 숨겨진 원리를 학생 스스로 탐구할 수 있는 탐구 역량, 민주사회의 일원으로서 책임을 다하는 사회적 책무성,

| 포스트 코로나 시대에 필요한 미래인재 역량 | Eco-STEAM의 인재상 |

버려진 쓰레기 속에서 새로운 가치를 창출해낼 수 있는 가치창출 역량 등 총 5가지 미래역량을 생각해보았습니다. 이러한 생각을 바탕으로 수업을 설계하고 학생들과 함께하는 수업에 적용해보았습니다.

코로나19 이후 우리 일상에 비접촉 배달 문화가 대세로 자리 잡았습니다. 우리가 무심코 사용하는 수많은 일회용품을 우리가 지향하는 환경융합 프로젝트 수업의 준비물로 설정하고 수업 연구를 시작하였습니다. 그 결과 20개 남짓한 환경융합 프로그램을 개발하게 되었습니다. 우리는 다음과 같은 방식으로 환경융합 프로젝트 수업의 목표, 진행 과정, 결론을 도출하였습니다.

[수업 예시]

6학년 1학기 과학 시간에 볼록렌즈에 대해 공부합니다. 보통 물체에 돋보기(볼록렌즈)를 갖다 대면 확대된 상을 볼 수 있습니다. 그런데 돋보기를 통해 물체를 보면 물체가 뒤집혀 보이고, 아주 멀리 있는 물체는 오히려 작게 보입니다. 이러한 과학적 현상을 환경과 연결해서 배우면 어떨까?

우리는 코로나로 급증한 택배를 떠올렸습니다. 주변에서 쉽게 구할 수 있는 택배 상자와 볼록렌즈를 가지고 빔 프로젝터라는 실생활 물건을 직접 만들어보기로 했습니다. 과학 공부는 물론 실과 공부도 됩니다. 볼록렌즈가 부착된 빔 프로젝터를 앞뒤로 움직여가며, 상이 뒤집히고 작아지는 볼록렌즈의 원리를 탐구할 수 있습니다. 일석이조 환경융합 프로그램이라는 생각이 들었습니다.

1. 환경융합 프로그램 개발

환경융합 프로그램명	환경수업 모델		교과 핵심성취 관련 주제
업사이클링 빔 프로젝터 만들기	Eco (환경)	자원 절약	[과학] 볼록렌즈 원리
			[과학] 빛의 원리
	Sensitivity (감수성)	택배상자 사용에 대한 문제의식	[과학] 상이 맺히는 원리
	Technic (기술)	빔 프로젝터 만들기	[수학] 원 작도
	Explore (원리탐구)	볼록렌즈의 원리	[수학] 입체도형 작도
	Accountability (사회적 책무성)	자원순환 의식 제고	[실과] 생활용품 만들기
	Making value (가치창출)	택배상자 새활용	[실과] 3D 모델링 실습

2. 환경융합 수업 과정(제작 및 탐구 활동)

이러한 방식으로 Eco-STEAM 전문적학습공동체 선생님들과 함께 연구하여 개

업사이클링 빔프로젝터 제작 활동

업사이클링 빔 프로젝터 영상 투사 활동

발한 다양한 환경융합 프로그램을 학습 주제별로 간략히 소개하면 다음과 같습니다.

학습 주제	교육과정 연계 환경융합 프로그램
소리 전달	휴지심과 종이컵을 재활용하여 스마트폰 스피커 만들기
탄성 & 건축	나무젓가락을 재활용하여 투석기 만들기
빛 & 홀로그램	일회용 플라스틱 컵을 재활용하여 홀로그램 프로젝터 만들기
전기 & 드로잉	일회용 플라스틱 컵과 모터를 활용하여 드로잉봇 만들기
전기 & 조명	빈 병을 재활용하여 실내등 만들기
생활 공예	양말목을 사용하여 코로나 마스크 길이 및 가방 고리 만들기
전통 놀이	페트병과 신발 끈을 재활용하여 팽이 만들기
물 절약 & 발명	택배상자를 재활용하여 물 절약 디스펜서 만들기
전기 & 발명	페트병과 모터를 활용한 선풍기 만들기

페트병 재활용 선풍기

택배상자 재활용 물 절약 디스펜서

우리는 2년에 걸쳐 여러 학교에서 정규교육과정과 방과후 환경 동아리에서 대면 수업, 비대면 화상 수업 등 온/오프라인 융합 형태로 적용해보았습니다. 그리고 수업 준비부터 실제 진행 과정에서 느낀 점, 보완할 점 등을 전문적학습공동체 선생님들과 공유하고 수정, 보완하였습니다. 이 책 2부, 3부에 나오는 환경융합 프로그램들이 이 책을 읽고 계신 선생님의 학급 학생들에게 적용되어 환경 감수성이 높은 시민이 한 사람이라도 더 배출된다면 더할 나위 없이 보람 있을 것 같습니다.

세계적인 경제학자 제레미 리프킨은 "인류가 초래한 기후변화가 지구의 생물종을 여섯 번째 대멸종의 위기로 몰아가고 있으며 인류에게 주어진 시간이 얼마 남지 않았다"고 지적했습니다.[1] 기후위기 대응과 탄소중립 사회로의 전환을 위해서는 전 지구적인 노력과 참여가 중요합니다. 특히, 지구 환경을 위한 실천적 행동 변화는 초등학교 때부터 기후·환경·생태교육에 의해 뒷받침되어야 합니다.

환경교육의 구체적인 사례 및 노하우는 뒤에 이어지는 2부 '지구를 살리는 업사이클링 환경놀이' 편과 3부 '원리가 보이는 업사이클링 환경놀이' 편에서 자세히 다루어보고자 합니다. 이러한 수업 활동이 기후·환경에 대한 이해를 넘어 우리 아이들의 일상에서 실천적 행동 변화를 가져오기를 기대해봅니다.

---

1) 한겨레신문, 제러미 리프킨 "탄소배출 제로 인프라 구축, 20년 이내 할 수 있다", 2020.6.10.

Part 2

지구를 살리는
업사이클링 환경놀이

1. [UCC] 사람들에게 자원 재활용의 필요성을 알려요

기후위기시대, 자원 업사이클링의 필요성을 알고 함께 실천해요.

실천 주제 1. 기후위기시대, 자원 업사이클링의 실태 조사하기
실천 주제 2. 올바른 분리배출 방법 알아보기
실천 주제 3. 자원 업사이클링 실천 운동 홍보물, UCC 만들기

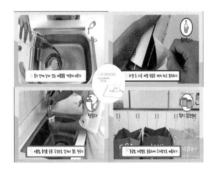

기후위기시대, 자원 새활용의 필요성에 대한 홍보물 및 동영상 제작

 준비물 :
스마트폰, PC

🌿 본 활동 관련 교육과정

과목	단원	핵심 성취 기준
미술 (천재)	6-1-3. 애니메이션 속으로	[6미02-01] 표현 주제를 잘 나타낼 수 있는 다양한 소재를 탐색한다.
		[6미02-02] 다양한 발상 방법으로 아이디어를 발전시킨다.
		[6미02-03] 다양한 자료를 활용하여 아이디어와 관련된 표현 내용을 구체화한다.
사회	6-2-3. 지속가능한 지구촌	[6사08-05] 지구촌의 주요 환경문제를 조사하여 해결 방안을 탐색하고, 환경문제 해결에 협력하는 세계시민의 자세를 기른다.
		[6사08-06] 지속가능한 미래를 건설하기 위한 과제(친환경적 생산과 소비 방식 확산, 빈곤과 기아 퇴치, 문화적 편견과 차별 해소 등)를 조사하고, 세계시민으로서 이에 적극 참여하는 방안을 모색한다.

🌿 환경 수업 흐름

기후위기시대 분리배출의 실태를 살펴봅시다.

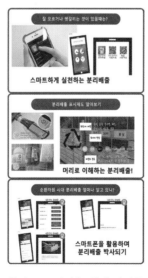

올바른 분리배출 실천 방법을 알아봅시다.

친환경 에코 라이프 실천을 위한 UCC 홍보물을 만들어봅시다.

플라스틱 페트병을 어떻게 활용할 수 있을까?

오늘 우리가 먹고 있는 것은 무엇일까요?

COVDI-19, 지구도 아프다?
분리배출 백신 투입!

코로나19로부터 우리를 지키기 위한 노력은? 코로나19로부터 지구를 지키기 위한 노력은?

비대면 소비로 인해 발생하는 택배 쓰레기

플라스틱 분리배출 공장에서는 어떤 어려움이 있을까요?

가정에서 쌓여가는 택배쓰레기...

잘못된 분리배출 사람이 직접 선별하는데...

생활 속 폐품과 예술이 만나다!

정크아트란 생활 속에서 생긴 폐품이나 재활용 소재를 가지고 만드는 미술작품입니다. 그 시작은 파피에 콜레, 콜라주 등으로 볼 수 있습니다. 1950년대 말부터 현대사회가 낳은 산업 폐기물, 버려진 소비재 등을 소재로 미술작품을 만드는 정크아트 예술가들이 대거 등장하여 오늘에 이릅니다. 순수예술로서뿐 아니라 물질적 풍요 속 일그러진 현대사회의 모습, 환경오염과 생태계 파괴에 대한 경고, 지속가능한 사회에 대한 바람과 희망의 메시지를 담고 있습니다. 그래서 오늘 우리에게 더 많은 생각을 하게 하지요.

관련 동영상: 부산 MBC 뉴스 유튜브 채널, 2021.11.14.

🌿 환경 실천(비.헹.분.섞.) UP

1 분리배출 표시제도란?

2 다중포장제란?

3 올바른 분리배출 실천-비우기

4 올바른 분리배출 실천-헹구기

5 올바른 분리배출 실천-분리하기

6 올바른 분리배출 실천-섞지 않는다!

7 스마트폰 앱을 활용한 분리배출-1

8 스마트폰 앱을 활용한 분리배출-2

🍃 영상 제작 방법 탐구하기

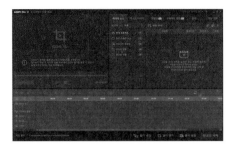

1 영상편집 프로그램의 작업 과정

2 영상편집 프로그램 곰믹스의 화면 구성

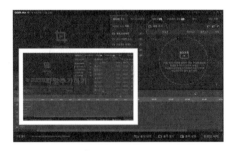

3 파일 불러오기

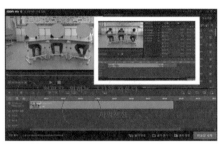

4 컷 편집하기: 타임라인 패널 활용하기

5 컷 편집하기: 타임라인 인디케이터 활용하기

6 컷 편집하기: 원하는 구간 자르기

7 영상 색 보정하기 1

9 영상 자막 넣기 1

8 영상 색 보정하기 2

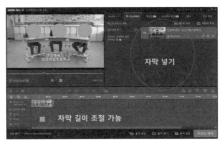

10 영상 자막 넣기 2

11 화면 전환 기능: 트렌지션 활용하기

12 영상 출력하기

책이나 인터넷 또는 유튜브 검색을 통해
아이스팩 분리배출 방법을 찾아 기록하고, 직접 실천해보세요.

 업사이클링 환경 수업 후기

학생 1: 코로나19로 인해 방역에만 관심을 가졌지 환경을 생각하지 않았던 것 같아요. 환경을 더 생각하고 올바른 분리배출을 실천해야겠다는 생각이 들었어요.

학생 2: '내 손안의 분리배출' 앱을 통해 정확한 분리배출 방법을 알 수 있었어요. 앞으로 비우고, 헹구고, 분리하고, 섞이지 않게 하는 4가지를 반드시 실천할 거예요!

학생 3: 환경문제에 대한 심각성을 사람들에게 알리는 영상을 만들면서, 환경문제의 심각성을 느낄 수 있었어요. 내가 만든 영상을 통해 사람들이 환경에 대한 생각을 더 갖도록 해보니 보람이 있었습니다.

선생님: 우리가 실천하는 조그만 변화가 우리 모두를 변화시킬 수 있을 거예요. 지금 바로 올바른 분리배출을 실천해봅시다. ^^

참고자료 부천시 재활용 쓰레기 배출량 현황 자료 / 인천 수도권 재활용품 선별장(플라스틱) 방문 및 전문가 인터뷰.

업사이클링 환경 수업 지도안

배움 목표	환경문제의 심각성을 설명하고, 친환경 에코 생활과 관련된 주제의 UCC 영상을 제작할 수 있다.	활동 시간	80분
준비 물	-스마트폰(동영상, 사진 촬영) -PC(미리캔버스 활용, UCC 제작)	관련 교과	사회, 미술

흐름	활동 내용	시간	유의점
배움 열기	• 동기 유발하기 -애니메이션과 관련된 경험 이야기하기 -오늘 공부할 내용에 관한 이야기 나누기 • 활동 주제 확인하기 -환경문제의 심각성을 설명하고, 친환경 에코 생활과 관련된 주제의 UCC 영상을 제작하기	5분	★ 애니메이션 제작 경험이나 만화, 영화 등 다양한 영상물에 대한 체험 경험을 공유한다.
배움 활동	• [환경감수성 UP] 기후위기시대, 분리배출 실태 알아보기 -코로나19 vs 나, 우리를 지키기 위한 노력은? -코로나19 vs 지구를 지키기 위한 노력은? • [환경실천 UP] 올바른 분리배출 방법을 알고 실천하기 -분리배출의 4가지 원칙: 비.헹.분.섞. 4단계 -코로나19로 인해 증가한 쓰레기 분리배출 방법 -스마트폰 애플리케이션을 활용한 분리배출 TIP! • [환경인식 UP] 영상 제작하기 -'환경문제' 주제의 영상 제작 계획 세우기 | 배움활동	순서	화면구성	자막 | |---|---|---|---| | 1 | | | | | 2 | | | | | 3 | | | | -영상 주제에 대해 촬영하고 편집하기	10분 10분 50분	★ 환경문제의 심각성을 제시하여 환경감수성을 키울 수 있다. ★ 올바른 분리배출을 위한 실천 방법을 탐색한다. ★ 영상 제작의 토대가 되는 스토리보드를 작성한다.
배움 정리 및 공유	• 활동 소감 나누기 -영상 촬영 역할과 배역 정하기 -촬영한 영상 공유하기	5분	

Tip! • 올바른 분리배출 방법을 알고 생활 속에서 실천할 수 있다.
  • 버려지는 자원을 활용한 생활 속 사례나 예술작품 사례를 통해 버려지는 자원의 활용 가능성을 인식하고 홍보한다.

학년   반   번 이름 (   )

업사이클링 UCC 스토리보드

	화면 구성	자막	효과
# 1			
# 2			
# 3			
# 4			
# 5			

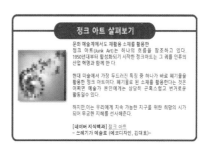

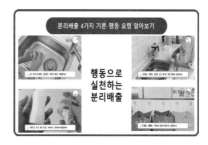

스마트하게 실천하는 분리배출

스마트폰을 활용하며
분리배출 박사되기

-19로 늘어난 쓰레기는 어떻게 처리 하는지 알아봅시다.

아이스팩은 일반 쓰레기 입니다!

아이스팩을 뜯지 버리면 안됩니다!

마스크는 묶어서 일반 쓰레기로 버려요!!

박스에 붙어있는 테이프는 모두 없애 주세요!

지구를 위해 함께 볼까요?

2. [생수 디스펜서]
물 한 방울의 소중함!

우리 주변에 쓰레기로 쌓여가는 종이상자와 페트병을 이용해 물을 아낄 수 있는 디스펜서를 만들어보아요.

디스펜서란 제품의 손잡이나 단추 등을 눌러서 그 안에 든 내용물을 일정하게 추출하여 사용할 수 있도록 하는 장치를 말해요.

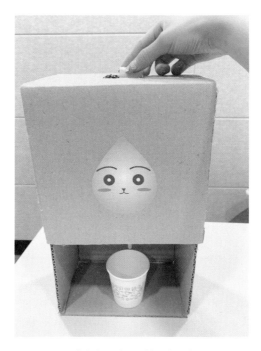

종이상자로 만든 생수 디스펜서

 준비물 :
종이상자, 페트병, 빨대, 송곳, 칼, 글루건 또는 접착제, 색종이나 색연필 등의 꾸밀 재료

🍃 본 활동 관련 교육과정

과목	단원	핵심 성취 기준
과학	4-2-5. 물의 여행	〔4과17-02〕 물의 중요성을 알고 물 부족 현상을 해결하기 위해 창의적 방법을 활용한 사례를 조사할 수 있다.
	4-7-2. 물질의 상태	〔4과07-02〕 기체가 공간을 차지하고 있음을 실험으로 알아본다.
수학	4-2-4. 사각형	〔4수02-03〕 생활 주변에서 직각인 곳이나 서로 만나지 않는 직선을 찾는 활동을 통하여 직선의 수직 관계와 평행 관계를 이해한다.
도덕	3-2-6. 생명을 존중하는 우리	〔4도04-01〕 생명의 소중함을 이해하고 인간생명과 환경문제에 관심을 가지며 생명과 자연을 보호하려는 태도를 가진다.

🍃 환경 수업 흐름

쌓여가는 종이상자와 페트병을 이용하여 업사이클링할 수 있는 방법을 알아볼까요?

종이상자를 이용하여 생수 디스펜서를 만들어봅시다.

완성된 디스펜서를 통해 기압의 움직임과 원리를 탐구해볼 수 있습니다.

디스펜서를 사용하면 물을 아껴 쓸 수 있어요

그림 출처: 미리캔버스

한국 물 부족 심각! 2050년 심각한 위기!

OECD(경제협력개발기구)는 오는 2050년에 우리나라가 OECD 회원국 가운데 물 부족으로 큰 고통을 겪게 될 것이라고 경고했습니다. 좁은 땅에 5000만 명이 넘는 인구가 살고 있고 여름에 집중적으로 비가 내리기 때문에, 실제로 이용할 수 있는 비율은 26% 전후에 불과하기 때문입니다.

우리나라 사람 1인이 하루에 쓰는 수돗물 양은 2019년 기준 295리터로 세계적으로 상당히 높은 수준입니다. 다만, 노후된 상수도관 등의 이유로 그중 10.5% 정도가 새는 물입니다. 이렇게 누수된 물을 연 단위로 계산하면 엄청난 양이죠. 하지만 제일 큰 문제는 개개인의 물 낭비입니다.

불확실한 기후변화로 우리나라에서 가뭄의 위험은 더 커지고 있어 물 기근 문제가 현실로 다가오고 있습니다. 이제는 생존을 위한 수자원에 대한 새로운 인식과 수자원 확보를 위한 노력이 시급합니다.

출처: 국가상수도정보시스템(waternow.go.kr) / 제주환경일보, 2021.1.10.
관련 동영상: YTN 뉴스 유튜브 채널, 2015.3.22.

🌿 종이상자로 생수 디스펜서 만들기!

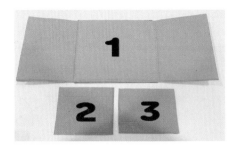

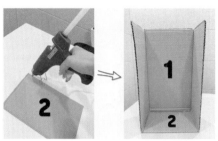

1 종이상자를 페트병이 들어갈 크기로 3 조각으로 자르기

2 1번과 2번 조각을 글루건이나 접착제를 이용하여 붙이기

3 페트병 아랫부분에 송곳으로 구멍을 뚫기

4 구멍에 빨대를 넣어주고 접착제로 틈이 생기지 않도록 꼼꼼하게 붙이기

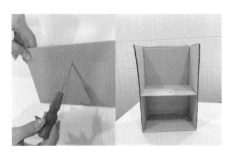

5 3번 조각에 빨대가 들어갈 구멍을 뚫어준 뒤, 1번과 2번 조각에 붙이기

6 종이상자로 페트병 입구가 조금 나오도록 구멍을 뚫은 뚜껑을 만들어주기

7 페트병을 상자와 연결하기

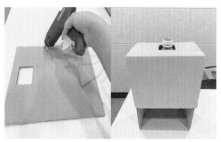

8 뚜껑 부분을 덮어서 붙이기

9 색종이나 펜으로 디스펜서 꾸미기

10 종이상자로 만든 디스펜서 완성!
   뚜껑을 돌리면 물이 나와요.

디스펜서의 작동 모습을 감상해볼까요?

페트병 뚜껑을 돌리면 물이 나오고, 잠그면 물이 멈추는 신기한 생수 디스펜서! 어떤 원리일까요?

원리는 바로 기압의 차이에 의한 움직임 때문이에요!

기압이란 무엇일까요?

기압이란? 단위 면적($1m^2$)에 작용하는 공기의 무게에 의한 압력!

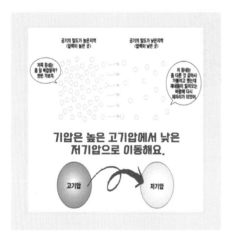

기압은 높은 고기압에서 낮은 저기압으로 이동해요.

페트병 안에 적은양에 공기가 있어 바깥쪽보다 기압이 낮아요. 뚜껑을 여는 순간! 기압은 높은 곳에서 낮은곳으로 이동하기 때문에 페트병 안에 기압이 높아지면서 물이 나오는 원리랍니다 ^^

지구를 살리는 친환경 종이 가구, 300kg도 거뜬해요!

"부담없이 사용하고,
자유로운
제로 웨이스트 일상."

PAPER
POP

재활용 가능한 소재 선택

포장지는 적게, 제품은 안전하게

재활용, 업사이클링으로 다시 유용하게

페이퍼팝은 1인 가구에서 발생하는 가구 폐기 문제의 대안으로, 지속 가능한 자원인 종이로 일상의 다양한 물건을 만듭니다.

종이는 유해물질이 없어 사용 시 우리 몸에 안전하고 사용 후 폐기 시 재활용되어 자원으로 활용될 수 있습니다.

기존에 우리가 사용하는 가구는 재료와 접착제가 혼합되어 있어 재활용이 어렵습니다. 버려지는 가구들은 쓰레기가 되고 환경을 오염시킵니다. 이러한 상황을 해결하기 위해 종이를 활용해 가구를 만드는 기업이 있습니다! 종이로 만들어진 가구는 70~80% 재활용이 가능합니다. 종이 책장과 침대가 이 기업의 대표적인 제품입니다. 각각 180kg과 300kg까지 놓을 수 있습니다. 이 외에도 종이로 만든 책상 칸막이나 고양이 장난감까지 30여 가지의 다양한 종류의 가구를 판매합니다. 저렴한 가격과 가벼운 무게, 그리고 손쉽게 재활용까지 가능한 종이 가구는 앞으로 환경을 위한 책임 있는 생산과 소비를 위한 좋은 대안이 될 것입니다.

 업사이클링 환경 수업 후기

학생 1: 종이상자와 페트병을 가지고 물을 아낄 수 있는 디스펜서를 만들어보니 신기했어요. 앞으로도 물을 아끼는 습관을 가질 거예요.

학생 2: 컵에 마실 만큼 물을 따르니 물 절약을 실천할 수 있어서 뿌듯했어요.

선생님: 기압의 차이를 이용한 종이상자 디스펜서를 통해 여러분도 앞으로 물을 절약하는 습관을 생활 속에서 실천하기를 바랍니다.

업사이클링 환경 수업 지도안

배움 목표	기압의 원리를 이용하여 종이상자로 생수 디스펜서를 만들 수 있다.	활동 시간	80분
준비 물	종이상자, 페트병, 빨대, 송곳, 칼, 글루건 혹은 접착제, 색종이나 색 연필 등의 꾸밀 재료	관련 교과	과학, 수학, 도덕

흐름	활동 내용	시간	유의점
배움 열기	• 동기 유발하기 -한국의 물 부족 관련 유튜브 영상 시청하기 　(youtu.be/E_I2cAbntr8) -버려진 종이상자와 페트병 사진 보여주기 -오늘 공부할 내용에 관한 이야기 나누기 • 활동 주제 확인하기 -기압의 원리를 이용하여 종이상자로 생수 디스펜서 만들기	10분	★ 영상을 보고 의견을 나누며 물 부족 현상과 쓰레기 문제를 해결할 수 있는 방법을 함께 생각해본다.
배움 활동	• (환경감수성 UP) 물 부족 현상의 원인을 찾고, 물 부족 현상을 해결하기 위해 창의적 방법을 토의하기 -버려지는 종이상자와 페트병으로 낭비되는 물을 절약하는 업사이클링 아이디어 떠올리기 • (공작활동) 종이상자로 생수 디스펜서 만들기 -사각형에서 직선의 수직 관계와 평행 관계를 이해하며 종이상자와 페트병을 이용하여 생수 디스펜서 만들기 -디스펜서를 친구들과 함께 작동해보기 • (원리탐구) 종이상자로 만든 생수 디스펜서의 작동 원리 탐구하기 -기압의 원리와 움직임 탐구하기 -기압으로 인한 생수 디스펜서의 작동 원리 발견하기	15분 40분 10분	★ 사전 과제를 통해 물 부족 현상을 해결할 다양한 방법을 조사하여 발표한다. ★ 학생들이 안전에 유의하며 디스펜서를 만들도록 지도한다. ★ 디스펜서를 통해 기압의 움직임을 충분히 탐구할 수 있도록 한다.
배움 정리 및 공유	• 활동 소감 나누기 -종이상자로 생수 디스펜서를 만들면서 느낀 점 발표하기 -물 부족 현상과 기압의 원리를 통해 새로 알게 된 점 이야기 나누기	5분	★ 느낀 점과 새로 알게 된 점을 나누고, 자연을 보호하는 태도를 가질 수 있도록 지도한다.

Tip! • 생수 디스펜서가 제대로 작동할 수 있도록 공작 활동을 할 때 각 과정마다 자세한 안내를 해준다.
　　　 • 물의 중요함을 느끼고, 생활 속에서 실천 가능한 물 절약 의지를 기를 수 있도록 지도한다.

학년   반   번   이름 (   )

종이상자로 생수 디스펜서 만들기

물 부족 현상의 원인을 찾고, 물 부족 현상을 해결하기 위해 창의적 방법을 토의해봅시다.

• 물 부족 현상의 원인은 무엇일까요?

• 물 부족 현상을 해결하기 위한 창의적 방법을 적어봅시다.

〔원리탐구〕생수 디스펜서의 작동 원리를 탐구해봅시다.

• 기압이란?

단위면적($1m^2$)에 작용하는 (   )에 의한 압력!

기압은 (   )에서 (   )으로 이동합니다.

〔활동 소감 나누기〕

• 종이상자로 생수 디스펜서 만들기 수업을 통해 느낀 점과 생활 속 나의 물 절약 다짐을 적어봅시다.

3. [캔 라이트]
빛과 그림자의 환상 만남!

음료를 마신 후 버려지는 알루미늄 음료수 캔을 재활용해 캔 라이트를 만들어 보아요. 캔 라이트를 만들어 사용하면서 빛의 직진과 그림자가 생기는 원리를 탐구할 수 있어요.

은은한 빛이 매력적인 캔 라이트

 준비물 :
알루미늄 캔, LED 티라이트(높이는 캔의 1/2 이하, 너비는 캔보다 작은 크기), 긴 막대(연필 등), 진주 핀, 장구 핀, 절연 테이프, 가위, 커터 칼, 네임펜

🍃 본 활동 관련 교육과정

과목	단원	핵심 성취 기준
과학	4-2-3. 그림자와 거울	[4과15-01] 여러 가지 물체의 그림자를 관찰하여 그림자가 생기는 원리를 설명할 수 있다.
미술 (천재)	3-2-3. / 4-2-3. 뚝딱! 창의력 발전소	[4미02-01] 미술의 다양한 표현 주제에 대해 관심을 가질 수 있다.
		[4미02-04] 미술의 표현 방법과 과정에 관심을 가지고 계획할 수 있다.
	6-2-5. 빛의 마법사	[6미01-05] 미술 활동에 타 교과의 내용, 방법 등을 활용할 수 있다.
		[6미02-03] 다양한 자료를 활용해 아이디어와 관련된 표현 내용을 구체화할 수 있다.

🍃 환경 수업 흐름

빛의 직진과 그림자가 생기는 원리를 탐구해봅시다.

알루미늄 캔, 얼마나 재활용되고 있는지 알아봅시다.

알루미늄 캔을 이용해 아름다운 캔 라이트를 만들어봅시다.

알루미늄 캔의 화려한 변신!

알루미늄 캔, 새로 만드는 것보다 재활용하는 것이 훨씬 경제적이에요.

우리는 알루미늄 캔을 얼마나 재활용하고 있을까요?

사용한 캔이 **100개**라면

그중 **80개**가 수거되고

그중 **24개**만 재활용돼요

우리도 할 수 있는 알루미늄 캔 다시 쓰는 방법, 무엇이 있을까요?

예쁜 캔 라이트를 만들어봐요!

알루미늄 캔이 예술작품으로 재탄생되다!

우리나라는 연간 국민 1인당 약 128개의 알루미늄 캔을 사용하고 있습니다. 이 중 분리배출을 통해 수거되는 양은 약 102개(약 80%)이고, 여기서 다시 알루미늄 캔으로 재활용되는 양은 36개(약 30%) 미만입니다. 즉 사용량의 1/4 정도만 재활용된다고 볼 수 있습니다. 수거가 되더라도 오염, 부식 등의 이유로 실제로 재활용 가능한 양이 적기 때문입니다. 버려지는 캔을 또 다른 용도로 사용하는 방법은 없을까요? 캔을 이용해 아름다운 예술작품을 만드는 사람들이 있다고 하니, 우리 함께 캔의 아름다운 변신을 살펴볼까요?

관련 동영상: YTN 사이언스 유튜브 채널, 2016.7.6.

🍃 반짝반짝 캔 라이트 만들기

1 준비한 캔에서 빛이 나오게 하고 싶은 무늬 정하기

2 무늬 반대편에 LED 라이트 들어갈 부분을 네임펜으로 표시하기

3 무늬를 따라 장구 핀이나 진주 핀으로 구멍 뚫기

4 네임펜으로 표시한 부분을 커터 칼로 잘라 안으로 접기

5 잘라낸 부분에 절연 테이프 붙이기

6 LED 라이트를 켜서 캔 안에 넣어주면 완성!

빛의 직진 원리 탐구하기

빛은 신경을 자극해 물체를 볼 수 있게 하는 것으로, 태양이나 뜨거운 물체에서 발생해요.

빛은 직진, 굴절, 반사 등 다양한 성질을 가지고 있지만, 여기서는 '직진'이 포인트!

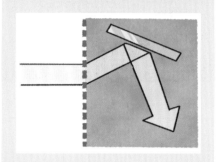

빛의 직진이란, 진공 중 또는 같은 물질로 이루어진 공간에서 빛이 곧게 나아가는 성질을 말해요.

빛을 내는 것이 둥근 모양이면 둥근 표면의 모든 방향으로 나아가므로 우리는 필요 없는 방향은 가려두고 사용해요.

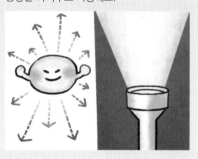

빛이 나아가는 방향에 물체가 있으면 가로 막혀 더 이상 나아가지 못하는데 이때, 물체 뒤에 어둡게 보이는 부분이 그림자예요.

빛과 그림자를 잘 이용하면 밝음과 어두움이 어우러진 작품을 만들 수 있답니다!

음료수 용기 분리배출 방법

비우고	헹구고	분리하고	밟기
내용물이 남아 있으면 재활용이 힘들어요.	이물질이 남지 않도록 깨끗하게!	라벨, 뚜껑 등은 떼어내기!	부피 줄이고 이물질도 들어가지 않게!

 업사이클링 환경 수업 후기

학생 1: 캔 라이트는 만드는 방법은 쉬운데 예쁜 작품이 나와서 좋아요. 다양하게 여러 개 만들
　　　　어서 친구들에게 선물할래요.

학생 2: 재활용하는 게 훨씬 경제적이네요. 앞으로 분리배출을 더 꼼꼼히 해야겠어요.

선생님: 무심코 버렸던 알루미늄 캔, 재활용할수록 우리에게 이익이겠죠?

　　　　비우고, 헹구고, 분리하고, 밟기. 4단계를 꼭 기억하고 실천해봅시다.

참고자료 환경부(2018), 재활용품 분리배출 가이드라인 / 한국포장재재활용사업공제조합(2018), '내 손안의 분리배출' 애플리케이션 / freepikcompany(2010), flaticon, 무료 일러스트 아이콘.

업사이클링 환경 수업 지도안

배움 목표	빛의 직진 원리를 이해하고 이를 이용하여 알루미늄 캔으로 캔 라이트를 만들 수 있다.		활동 시간	80분
준비 물	알루미늄 캔, LED 티라이트(높이는 캔의 1/2 이하, 너비는 캔보다 작은 크기), 긴 막대(연필 등), 진주 핀, 장구 핀, 절연 테이프, 가위, 커터 칼, 네임펜		관련 교과	과학, 미술
흐름	활동 내용		시간	유의점
배움 열기	• 동기 유발하기 　-제주조명예술축제 홍보 영상 시청하기 　　(youtube.com/watch?v=VCgtEFINnZs) 　-오늘 공부할 내용에 관한 이야기 나누기 • 활동 주제 확인하기 　-빛의 직진 원리를 이해하고 이를 이용해 알루미늄 캔으로 캔 라이트를 만들기		5분	★ 학생들이 빛을 이용한 작품의 아름다움을 느낄 수 있도록 유도한다.
배움 활동	• [원리탐구] 빛의 직진 원리 탐구하기 　-빛이 무엇인지 알아보기 　-빛의 성질 중 직진에 대해 알아보기 　-빛의 직진으로 인한 그림자 현상에 대해 알아보기 • [환경감수성 UP] 알루미늄 캔의 재활용 필요성 및 방법 알기 　-알루미늄 캔 사용량 알아보기 　-알루미늄 캔을 재활용해야 하는 이유 알아보기 　-실제 알루미늄 캔이 재활용되는 양 알아보기 • [공작활동] 캔 라이트 만들기 　-빛의 직진과 그림자 현상이 주는 효과 살펴보기 　-원리 이해 후 알루미늄 캔으로 캔 라이트 만들기		7분 13분 50분	★ 빛의 원리를 자세히 다루기보다는 그림자가 생기는 부분과 그렇지 않은 부분의 차이를 알도록 한다. ★ 알루미늄 캔 재활용의 장점과 사용량에 비해 재활용률이 낮음을 이해시켜 스스로 재활용의 필요성을 느끼도록 한다.
배움 정리 및 공유	• 활동 소감 나누기 　-밝은 곳과 어두운 곳에서 캔 라이트 사용해보기 　-작품을 만들면서 느낀 점과 새로 알게 된 점 말하기		5분	★ 활동을 통해 자신이 할 수 있는 재활용 방법을 적극적으로 탐색, 활용하려는 의지를 함양한다.

Tip! • 단순한 작업만으로도 훌륭한 작품을 만들어 활용할 수 있다는 점을 깨닫도록 하여 학생들 스스로 다양한 재질에 대해 적극적으로 재활용하고자 하는 의지를 갖도록 지도한다.
　　　• 자원 재활용의 이점과 재활용 실태를 함께 제시함으로써 자원 재활용의 필요성을 스스로 깨닫게 한다.

학년   반   번 이름 (   )

빛의 직진 원리를 활용해 캔 라이트 만들기

〔원리탐구〕 빛의 직진 원리 알기

• 그림자가 생기는 이유를 적어봅시다.

〔환경감수성 UP〕 알루미늄 캔의 재활용 필요성 및 방법 알기

• 알루미늄 캔을 재활용해야 하는 이유는 무엇인지 적어봅시다.

• 알루미늄 캔을 재활용하는 방법 4단계를 적어봅시다.

〔나아가기〕 알루미늄 캔 재활용 방법 생각하기

• 캔 라이트 만들기 외에 알루미늄 캔을 재활용하는 방법은 무엇이 있을지 생각해봅시다.

그림	설명해볼까요?

4. [스피커와 거치대] 페트병으로 다양한 생활용품을 만들어요

여러분은 플라스틱 용기를 얼마나 사용하나요? 우리가 매일 마시는 물을 담고 있던 페트병이나 음료수를 담고 있던 플라스틱 컵이 그대로 버려져 쓰레기산을 이룬다는 사실을 알고 있나요? 이렇게 버려지는 페트병과 플라스틱 컵을 우리 생활에 꼭 필요한 생활용품으로 재탄생시켜보아요.

재활용품을 이용하여 스마트폰 충전 거치대와 스마트폰에 연결할 수 있는 스피커를 만들어봅시다.

스피커를 작동시키는 모습

휴대폰 거치대를 꾸미는 모습

준비물 :
투명 페트병 1.25l, 플라스틱 컵, 칼, 가위, 에나멜선, 클레이 약간, 투명 테이프, 스피커 선(못 쓰는 이어폰 선 잘라서 준비), 버려지는 헝겊이나 리본

🍃 본 활동 관련 교육과정

과목	단원	핵심 성취 기준
과학	6-2-1. 전기의 이용	〔6과13-02〕 전구를 직렬 연결할 때와 병렬 연결할 때 전구의 밝기 차이를 비교할 수 있다.
		〔6과13-04〕 전자석을 만들어 영구 자석과 전자석을 비교하고 일상생활에서 전자석이 사용되는 예를 조사할 수 있다.
수학	6-2-6. 원기둥, 원뿔, 구	〔6수02-09〕 원기둥, 원뿔과 구를 알고, 구성 요소와 성질을 이해한다.
		〔6수03-07〕 여러 가지 둥근 물체의 원주와 지름을 측정하는 활동을 통하여 원주율을 이해한다.
실과 (교학사)	6-2-5. 발명과 로봇	〔6실02-06〕 간단한 생활 소품을 창의적으로 제작하여 활용한다.
		〔6실05-04〕 다양한 재료를 활용하여 창의적인 제품을 구상하고 제작한다.
		〔6실05-03〕 생활 속에 적용된 발명과 문제해결의 사례를 통해 발명의 의미와 중요성을 이해한다.

🍃 환경 수업 흐름

매일 우리 생활 속에서 버려지는 페트병과 플라스틱 컵을 재활용할 수 있는 방법을 찾아볼까요?

버려지는 페트병과 일회용 플라스틱 컵을 이용해 생활용품을 만들어봅시다.

생활용품을 만들어 실생활에서 활용해보고 나만의 재활용 아이디어를 찾아봅시다.

버려지는 플라스틱 용기, 새로 쓸 수 없을까?

버려지는 플라스틱 쓰레기

탄소 배출의 주범 중 하나인 플라스틱 쓰레기, 그 실태는 어떠할까요?
우리나라에서 하루 버려지는 플라스틱 쓰레기가 8800톤입니다. 5톤 트럭 1700대 분량입니다. 이 중 절반은 재활용되고 나머지 절반은 태워집니다. 코로나19로 사람들이 외출을 삼가면서 일회용 식기가 급격히 늘었고 그날 처리해야 하는 플라스틱 물량을 다 처리하지 못하는 실정에 이르렀습니다. 2020년에 음식 배달이 1년 전보다 75% 넘게 늘어나면서 버려지는 플라스틱 양도 15% 가까이 증가했습니다. 이 추세대로 간다면 2050년에는 전 세계 석유 사용량의 20%가 플라스틱 생산에 들어갈 것이라고 전문가들은 예측하고 있습니다.
일회용품 사용을 줄이고 과대 포장된 제품을 구매하지 않는 등 시민 참여가 필요합니다. 우리는 어떻게 실천할 수 있을지 생각해봅시다.

관련 동영상: MBN 뉴스 유튜브 채널, 2021.1.26.

🌿 스피커 만들기

1 종이에 에나멜선을 감아 코일 만들기 (촘촘하게 한쪽 방향으로 감기)

2 에나멜선 양쪽 끝을 불에 그을리거나 사포로 문지르기

3 이어폰 잭의 피복 벗기기(2~3cm 정도 벗겨내기)

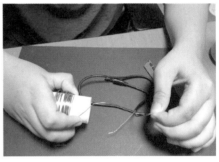

4 이어폰 잭(피복을 미리 벗겨둔)을 에나멜선에 각각 연결하기

5 컵에 코일을 붙이고 자석 2개를 컵의 밑면 안쪽과 바깥쪽에 마주 붙이기

6 휴대폰이나 컴퓨터에 연결하여 조용한 곳에서 음악 틀기

🌿 휴대폰 거치대 만들기

1 페트병을 아래쪽에서부터 2/3 정도 높이에서 자르기

2 플러그를 넣을 공간(면) 남기고 자르기

3 플러그 넣을 구멍의 위치 정하기

4 플러그가 들어갈 구멍 뚫기

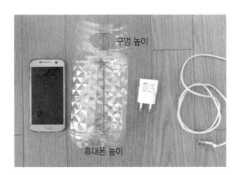

5 플러그가 구멍에 잘 들어가는지 확인하기

6 레이스나 사용하지 않는 천으로 꾸며 완성하기

스피커의 작동 원리 탐구하기

▶ 스피커의 작동 원리 알아보기

| 전류가 흐르면 음악이나 소리 등의 전기 신호가 발생한다. | → | 전자석과 영구 자석이 서로 밀고 당기면서 얇은 판을 떨리게 한다. | → | 판이 떨리면서 소리를 만든다. |

✓ 플라스틱 컵으로 만든 스피커는 증폭기가 없어서 소리가 작게 들려요. 소리를 들을 때는 조용한 곳에서 들어보세요.

▶ 스피커에 활용되는 전자석 만들기

① 에나멜선으로 코일 만들기

둥근 필름 통이나 둥근 풀통에 에나멜선을 한쪽 방향으로 돌돌 감아 코일을 만든다.

② 에나멜선의 양쪽 끝 벗기기

에나멜선의 양쪽 끝을 사포로 벗겨내면 전류가 흐를 수 있는 도선이 나타난다.

③ 전기회로에 연결하기

사포로 벗겨낸 에나멜선의 양쪽 끝부분을 이어폰의 피복을 벗긴 선(전기회로)에 연결한다.

★전자석의 성질 알기

✓ 전류가 흐를 때만 자석의 성질이 나타난다.　　✓ 전류가 강할수록 전자석의 세기도 강하다.
✓ 전류의 방향이 바뀌면 전자석의 극도 반대로 바뀐다.

▶ 전자석이 실생활에 활용되는 예 찾아보기

자기부상열차　　　　선풍기　　　　헤어드라이어　　　　스피커

(자기부상열차 사진 출처: blog.naver.com/pnbgirl)

페트병을 버릴 때는 다음과 같이 해보세요.
투명 페트병 분리배출 방법!

내용물 비우기 → 라벨 제거하기 → 오염되지 않도록 찌그러뜨리기 → 투명 페트병 전용 배출함에 버리기

간장통은 내용물을 깨끗하게 씻어낸 후 투명 페트병 전용 배출함에 배출할 수 있어요. 그 외 일회용 컵, 계란판, 과일 트레이는 다른 플라스틱과 함께 배출해야 합니다.

페트병과 플라스틱 컵, 우리 생활 속에서 이렇게 활용해보세요.
우리 집 페트병, 플라스틱 컵 재활용 노하우!

여러 가지 곡물을 분류하여 보관하고 있어요.

육수를 담아 냉동실에 보관하고 있어요.

수경 식물을 기르는 화분으로 사용하고 있어요.

페트병, 우리 생활 속에서 이렇게 활용해보세요.
페트병으로 장난감 만들기!

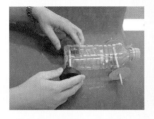  

페트병 고무줄 자동차 만들기   페트병 빨대 잠수함 만들기   데굴데굴 굴러가는 장난감 만들기

 업사이클링 환경 수업 후기

학생 1: 학교에 생수를 한 병씩 가지고 다녔는데 매일 쓰레기를 만들고 있었네요. 텀블러를 사용하고 투명한 페트병은 올바른 방법으로 분리배출을 해야겠어요.

학생 2: 분리배출만 잘하면 되는 줄 알았는데 이미 사용한 플라스틱 병들이 생활 속에서 꼭 필요한 물건으로 재활용될 수 있다는 것을 알게 되었어요.

선생님: 생각보다 페트병이나 플라스틱 컵이 재활용되기 어렵다고 해요. 그냥 버려지면 쓰레기가 되지만 여러분의 반짝이는 아이디어와 실천만 있으면 생활용품이나 장난감으로 재탄생할 수 있답니다. 예를 들어 페트병으로 팽이를 만들 수 있어요. 제가 집에서 아이들이랑 놀아주려고 만든 건데, 그 방법은 다음과 같아요. 여러분도 한번 해보세요.

뚜껑 열기	뚜껑의 가운데에 장구압정 꽂기	운동화 끈 등을 감아 팽이 돌리기

참고자료 이노의 별별 생각 유튜브 채널, 탄성력과 마찰력 관련 실험, 페트병 고무줄 자동차 만들기 간단한 설명 영상, 2021.4.28. / 장난감사용설명서 유튜브 채널, 엄마표놀이 빨대잠수함 만들기 집콕놀이 빨대로 만들기, 2021.1.7. / 주말놀이 유튜브 채널, 버리는 Pet병으로 데굴데굴 굴러가는 장난감 만들기, 2021.8.9.

업사이클링 환경 수업 지도안

배움 목표	페트병과 플라스틱 컵으로 생활용품을 만들며 자원순환의 필요성을 느끼고 나만의 놀잇감 만들기 아이디어를 찾을 수 있다.	활동 시간	80분
준비 물	투명 페트병 1.25ℓ, 플라스틱 컵, 칼, 가위, 에나멜선, 글루건, 스피 커 선(못 쓰는 이어폰 선 잘라서 준비)	관련 교과	과학, 수학, 실과

흐름	활동 내용	시간	유의점
배움 열기	• 동기 유발하기 -플라스틱 쓰레기로 고통받는 동물들 살펴보기 -오늘 공부할 내용에 관한 이야기 나누기 • 활동 주제 확인하기 -페트병과 플라스틱 컵으로 생활용품을 만들며 자원순환의 필요성 느끼고 나만의 놀잇감 만들기 아이디어 찾기	5분	★ 학생들이 동영상의 내용에 공감할 수 있 도록 분위기를 조성한 다.
배움 활동	• [환경감수성 UP] 나의 환경지수 돌아보기 -다섯 단계 중 나의 환경지수는 어디에 해당하는지 돌아보기 -우리나라의 플라스틱 사용량과 수거 비율 확인하기 • [공작활동 1] 스피커 만들기 -스피커의 모습 관찰하기 -플라스틱 컵을 사용해 스피커 만들기 • [공작활동 2] 휴대폰 거치대 만들기 -휴대폰을 편하게 충전하기 위한 기존 상품들을 보고 따라 할 수 있 는 부분이나 고치면 좋을 부분들 고민하기 -페트병 아랫부분을 사용해 휴대폰 거치대 만들기 • [창의활동] 놀잇감 만들기 아이디어 찾기 -페트병 윗부분을 이용해 팽이 만들기 -공작활동이 끝난 학생들은 팽이놀이 하기 • [원리탐구] -전자석의 개념 및 스피커의 작동 원리 탐구하기 -환경오염의 피해가 결국 사람에게 돌아오는 순환 과정 탐구하기 -페트병의 재활용 방법, 플라스틱 컵 사용 줄이는 방법 탐구하기	7분 50분 13분	★ 학생들이 평소 자 신의 모습을 돌아보고 솔직하게 평가할 수 있는 시간과 기회를 갖도록 지도한다. ★ 공작활동을 진행하 며 안전사고 예방교육 을 실시한다. ★페트병 윗부분은 뚜 껑에 장구압정을 꽂으 면 팽이를 만들수 있다. ★ 실제 쓸모를 생각 하며 만들고 실제 생 활에 활용 방법도 생 각해보게 함으로써 일 회적인 교육으로 끝나 지 않도록 지도한다.
배움 정리 및 공유	• 활동 소감 나누기 -스피커와 휴대폰 거치대를 만들면서 느낀 점 발표하기 -전자석을 활용한 스피커의 작동 원리와 오염의 순환 과정을 듣고 새로 알게 된 점 이야기 나누기 -선생님이 알려주는 환경 TIP 나누기	5분	★ 자원순환의 필요성 을 스스로 느끼고 실 천하려는 모습을 독려 한다.

Tip! • 스피커와 휴대폰 거치대 만들기 경험을 바탕으로 가정에서 배출하는 페트병이나 플라스틱 컵을 활용하
여 우리 생활에 유용한 물건들을 만들어 자원을 재활용할 때의 보람을 느낄 수 있도록 지도한다.
• 원리 탐구 활동을 통해 자원순환의 필요성을 느끼고 실생활에서 나와 우리 가족이 함께 실천할 수 있는
방법을 찾을 수 있도록 지도한다.

함께 생각해보기

나의 환경 지수 돌아보기

A: 자원을 재활용하여 생활 속에서 활용하고 있다.

B: 바른 분리 수거 방법대로 실천하고 있다.

C: 바른 분리 수거 방법을 알고 있다.

D: 분리수거를 하면 다시 활용할 수 있다.

F: 쓰레기는 더럽고 다시 쓸 수 없다.

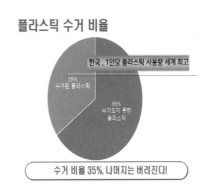

플라스틱 수거 비율

한국, 1인당 플라스틱 사용량 세계 최고

35%
수거된 플라스틱

65%
수거되지 못한
플라스틱

수거 비율 35%, 나머지는 버려진다!

주제: 페트병 휴대폰 충전 거치대 만들기

o 페트병을 활용하여 휴대폰 충전 거치대 예쁘게 꾸미기

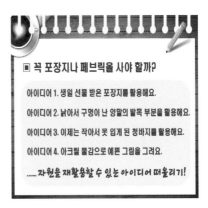

▣ 꼭 포장지나 페브릭을 사야 할까?

아이디어 1. 생일 선물 받은 포장지를 활용해요.

아이디어 2. 낡아서 구멍이 난 양말의 발목 부분을 활용해요.

아이디어 3. 이제는 작아서 못 입게 된 청바지를 활용해요.

아이디어 4. 아크릴 물감으로 예쁜 그림을 그려요.

...... 자원을 재활용할 수 있는 아이디어 떠올리기!

주제: 플라스틱 컵으로 스피커 만들기

o 플라스틱 컵을 활용하여 스피커 만들기

증폭기가 없어서 소리가 작아 조용한 곳에서 들어야 한다.

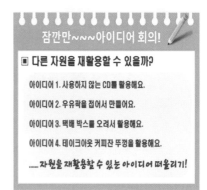

잠깐만~~~아이디어 회의!

☐ 다른 자원을 재활용할 수 있을까?

아이디어 1. 사용하지 않는 CD를 활용해요.

아이디어 2. 우유곽을 접어서 만들어요.

아이디어 3. 택배 박스를 오려서 활용해요.

아이디어 4. 테이크아웃 커피잔 뚜껑을 활용해요.

......자원을 재활용할 수 있는 아이디어 떠올리기!

아이디어: 팽이 만들기

o 반짝 아이디어 더하기! 남은 페트병으로 팽이 만들기

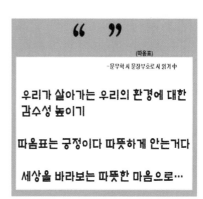

" "

(따옴표)

-문무학 시 문장부호로 시 읽기 中

우리가 살아가는 우리의 환경에 대한 감수성 높이기

따옴표는 긍정이다 따뜻하게 안는거다

세상을 바라보는 따뜻한 마음으로…

5. [꽃병] 유리병으로
친환경 꽃병과 LED 조명 만들기

97.9%. 빈 병의 회수율입니다. 수거된 빈 병은 주류 공장으로 들어가 세척 후에 재사용(10회 안팎)됩니다. 빈 병 보증금 제도 시행으로 빈 병 재사용이 활발해졌습니다. 수거, 세척, 재사용 과정에 비용이 들지만 병을 새로 만드는 것보다 경제적이고 무엇보다 환경을 보호한다는 장점이 있습니다.

문제는 보증금 제도의 적용을 받지 않는 병에 있습니다. 와인병이 대표적인 예입니다. 대형 마트 관계자에 따르면, "와인이 석 달간 하루 8880병, 1시간 370병, 1인 6병꼴로 판매되었다."고 합니다. 집에서 와인을 즐기는 사람은 늘었는데, 와인병 수거 등에 대한 제도적 장치는 마련되지 않았습니다.

와인병은 병 모양이 일반 주류에 비해 장식적 효과가 큽니다. 따라서 와인병을 업사이클링하는 Bottle-up 활동을 통해 환경보호와 생활용품 디자인을 모두 경험할 수 있습니다.

빈 병을 활용해 만든 장식품

 준비물 :
스티커와 라벨을 제거한 와인병 1개(병 입구가 1.5cm 정도), 코르크 LED, 마 끈, 마스킹 테이프, 스티커, 아크릴 물감

🌿 본 활동 관련 교육과정

과목	단원	핵심 성취 기준
사회	4-1-3. 지역의 공공 기관과 주민 참여	〔4사03-05〕 우리 지역에 있는 공공 기관의 종류와 역할을 조사하고, 공공 기관이 지역 주민들의 생활에 주는 도움을 탐색한다.
		〔4사03-06〕 주민 참여를 통해 지역 문제를 해결하는 방안을 살펴보고, 지역 문제의 해결에 참여하는 태도를 기른다.
미술 (동아출판)	4-1-1. 발견! 생활 속 미술	〔4미01-02〕 주변 대상을 탐색하여 자신의 느낌과 생각을 다양한 방법으로 나타낼 수 있다.
		〔4미01-03〕 생활 속에서 다양하게 활용되고 있는 미술을 발견할 수 있다.
	4-1-5. 내가 만든 그릇	〔4미02-04〕 표현 방법과 과정에 관심을 가지고 계획할 수 있다.
		〔4미02-05〕 조형 요소(점, 선, 면, 형·형태, 색, 질감, 양감 등)의 특징을 탐색하고, 표현 의도에 맞게 적용할 수 있다.
	4-2-9. 빛나는 미술	〔4미02-06〕 기본적인 표현 재료와 용구의 사용법을 익혀 안전하게 사용할 수 있다.

🌿 환경 수업 흐름

빈 병 보증금 제도에 대해 알고 있나요? 유리가 땅에서 분해되는 데 얼마나 걸릴까요? 버려지는 병을 어떻게 활용할 수 있을까요?

빈 병을 활용하여 생활용품을 만들어봅시다.

내가 만든 빈 병 업사이클링 제품을 생활 속에서 다양하게 활용해봅시다.

버려지는 병은 어떻게 되는 걸까?

유리병이 배수관으로… 폐유리 재활용 신기술 개발

해마다 유리병이 47만 톤 정도 배출되고, 이 중 15만 톤은 다시 쓰이지 못하고 쓰레기로 버려집니다. 유리병은 분해되는 데 100만 년이 넘게 걸리기 때문에 환경오염이 매우 심각합니다. 그런데 최근 폐유리병으로 건축 자재(배수로 만드는 재료)나 단열재를 만드는 기술이 개발되었습니다. 환경부 산하 유용자원재활용기술개발사업단이 민간업체와 함께 개발한 기술로 '발포 유리 비드'를 만들었다고 합니다.

커다란 경제적 이익은 물론 막대한 환경적인 효과를 거둘 수 있는 발포 유리 비드! 어떤 기술인지 함께 확인해볼까요?

관련 동영상: KBS 뉴스 유튜브 채널, 2019.11.30.

🌿 업사이클링으로 나만의 꽃병 만들기

1 라벨을 제거하고 깨끗이 씻어서 말린 빈 병 준비하기

2 마 끈(또는 종이끈), 레이스, 마스킹 테이프, 투명 테이프 준비하기

3 마 끈으로 자신이 원하는 위치에 필요한 만큼 돌려 감아 빈 병 감싸기

4 레이스와 마스킹 테이프를 마 끈 감은 것과 어울리게 붙이기

5 드라이플라워나 생화 꽂기(연필꽂이나 장식품으로 다양하게 활용하기)

6 여러 가지 디자인으로 꽃병을 만들어 장식품이나 방향제로 이용하기

🍃 자원 재활용 나만의 LED 조명 만들기

1 라벨을 제거하고 깨끗이 씻어서 말린 빈 병(와인병)과 코르크 LED 준비하기

2 아크릴 물감, 마스킹 테이프, 스티커 등 병을 꾸밀 재료 준비하기

3 준비한 재료를 이용하여 와인병을 어 떻게 꾸밀지 학습지에 디자인하기

4 마 끈, 레이스, 마스킹 테이프, 스티커 등을 이용하여 병 장식하기

5 코르크 LED를 병 안으로 넣기(LED 선이 병 안에 골고루 퍼지도록 넣기)

6 나만의 코르크 LED 조명, 다양하게 만들어보기

선생님이 알려주는 환경 TIP

다양한 모양의 유리병!
우리 생활 속에서 어떻게 활용할 수 있을까요?

블루투스 스피커로 사용하기   유리병을 꾸미고 뚜껑에 손잡   다양한 유리 꽃병 만들기
이를 붙여 장식품 만들기

업사이클링 환경 수업 후기

학생 1: 유리병이 분해되는 시간이 그렇게 오래 걸리는지 몰랐습니다. 유리병은 무조건 재활용
하고 재사용해야겠다고 생각했습니다.

학생 2: 너무나도 쉽고 간단한 방법으로 유리병이 예쁘게 변신하는 모습을 보니 신기했습니다.

선생님: 유리병은 땅속에 묻히는 순간 지구를 100만 년 동안 오염시킵니다. 우리는 반드시 유
리병을 재활용하고 재사용해야 해요. 손쉽고 다양한 재활용 방법이 많이 있으니, 우리
친구들 모두 유리병 재활용을 꼭 실천하도록 해요! 또한 폐유리병을 재활용하는 신기
술을 끊임없이 연구해야 합니다.

참고자료 홍수열(2020), 『그건 그냥 쓰레기가 아니라고요』, 슬로비 / 이한(2021), [아이에게 읽어주는 환경뉴스] 쓰레
기로 만들어진 산이 있다?, 그린포스트코리아, 2021.8.28./ 까칠한 조작가 유튜브 채널, 병에 꽂아쓰는 스피커? CORK
SPEAKER, 2017.3.24. / 토끼쌤 유튜브 채널, 이젠 버리지 말자! 유리병 활용 꿀팁_유리병 업사이클링 BOTTLW
UPCYCLING, 2019.4.1. / 리폼하는 여자 발리키키Balikiki 유튜브 채널, DIY 빈병 재활용 카페소품 인테리어 소품으로 꽃병
만들기 upcycling, 2019.4.5.

업사이클링 환경 수업 지도안

배움 목표	자원 새활용의 필요성을 알고, 유리병을 활용하여 생활용품 만들기를 통해 업사이클링을 실천할 수 있다.	활동 시간	120분
준비 물	라벨을 제거한 유리병 1개, 와인병 1개, 학습지 2장, 마 끈, 가위, 레이스 끈, 마스킹 테이프, 코르크 LED, 드라이플라워, 아크릴 물감	관련 교과	사회, 미술(4학년)

흐름	활동 내용	시간	유의점
배움 열기	• 동기 유발하기 -폐유리병 재활용 신기술 뉴스 영상 시청하기 　(youtube.com/watch?v=ydTnNFwnRSw) -유리병과 관련된 퀴즈 풀기 -오늘 공부할 내용에 관한 이야기 나누기 • 활동 주제 확인하기 -자원 새활용의 필요성을 알고, 유리병을 활용하여 생활용품 만들기를 통해 업사이클링을 실천하기	20분	★ 영상을 보고 의견을 나누며 유리 쓰레기 문제의 심각성을 알고 문제해결의 필요성을 느끼도록 한다.
배움 활동	• [환경감수성 UP] 유리병으로 오염된 환경과 생태계 인지하기 -재사용되는 유리병과 재사용되지 않는 유리병을 찾아보고, 어떻게 더 재활용할 수 있는지 탐색하기 • [공작활동 1] 빈 병을 활용하여 나만의 꽃병 만들기 -라벨을 제거한 빈 병 준비하기 -빈 병의 모양과 색상, 크기를 비교하며 감상하기 -병을 꾸밀 준비물 확인하기 -병을 어떻게 꾸밀지 학습지에 스케치하기 -자신이 디자인한 대로 병을 꾸미고 드라이플라워 꽂기 • [공작활동 2] 빈 병을 활용하여 나만의 LED 조명 만들기 -다양한 조명 감상하기 -유리병을 통과하는 빛의 특성 알아보기 -와인병(입구 지름 1.5cm 정도)과 병을 꾸밀 재료 준비하기 -병을 어떻게 꾸밀지 학습지에 스케치하기 -자신이 디자인한 대로 병을 꾸미고 코르크 LED 꽂기	20분 30분 35분	★ 생활 속에서 디자인 요소를 찾고 유리병 꾸미기에 적용하도록 지도한다. ★ 나만의 꽃병은 드라이플라워 대신 물을 담고 생화를 꽂거나, 입구 크기에 따라 연필꽂이로도 활용한다. ★ 나만의 LED 조명을 꾸밀 때는 조명이 모두 가려지지 않도록 주의시킨다. ★ 서로의 작품을 감상하며 잘된 점을 찾아본다.
배움 정리 및 공유	• 활동 소감 나누기 -빈 병을 재활용하여 꽃병과 나만의 조명을 만들고 느낀 점 발표하기 -이번 수업과 활동을 통해 새로 알게 된 점 이야기 나누기	15분	★ 환경보호 생활 습관의 중요성을 알고 실천 의지를 갖도록 한다.

Tip! • 유리병 쓰레기가 환경을 오염시키는 심각성을 알고 문제해결의 필요성을 느끼도록 한다.
　　　 • 유리병의 다양한 디자인을 감상하고 유리병 디자인의 특징을 살려 주변에서 구할 수 있는 단추, 서랍 손잡이, 병뚜껑 등 다양한 재료를 활용하여 병을 꾸밀 수 있도록 지도한다.
　　　 • 빈 병을 활용하여 생활용품을 만들고 자신의 생활 속에서 사용해보는 경험을 통해 환경보호를 실천하는 생활 습관이 형성될 수 있도록 한다.

학년   반   번 이름 (   )

Bottle-up! 빈 병 업사이클링

- 최근에 Upgrade(개선하다, 높이다)와 Recycle(재활용한다)의 뜻을 합쳐 Up-cycling(업사이클링)이라는 신조어가 생겨났습니다. 우리 친구들이 오늘 하게 될 업사이클링은 바로 'Bottle-up! 빈 병 업사이클링'입니다!

- 먼저 아래 공간에 여러분의 병 꾸미기 스케치를 해보도록 하겠습니다!

〈설명〉

_____

_____

_____

6. [컵받침]
양말목 컵받침 만들기

산업이 발달하고 물질적으로 풍요로워지면서 다양한 분야에서 산업 폐기물과 생활 폐기물이 넘쳐나고 있어요. 여러분들이 매일 입는 의류도 유행이 지나면, 또는 싫증이 나면 쓰레기로 버려지는 안타까운 현실을 알고 있지요?

그리고 양말을 만드는 과정에서도 버려지는 쓰레기가 많이 있다는 사실을 아시나요? 아깝게 버려지는 양말목을 모아 손재주를 조금만 더하면 마술같이 아름다운 생활 소품이 타라~~

오늘은 선생님과 함께 아름다운 양말목 아트 생활 소품 만들기를 해봅시다!

양말목을 활용해 만든 다양한 생활 소품

 준비물 :
직조 틀, 양말목, 활동지

본 활동 관련 교육과정

과목	단원	핵심 성취 기준
실과 (교학사)	5-1-3. 자원 관리와 자립	[6실03-04] 쾌적한 생활공간 관리의 필요성을 환경과 관련 지어 이해하고 올바른 관리 방법을 계획하여 실천한다.
	6-2-5. 발명과 로봇	[6실02-06] 간단한 생활 소품을 창의적으로 제작하여 활용한다.
		[6실05-04] 다양한 재료를 활용하여 창의적인 제품을 구상하고 제작한다.
		[6실05-03] 생활 속에 적용된 발명과 문제해결의 사례를 통해 발명의 의미와 중요성을 이해한다.
미술 (천재교육)	6-1-2. 눈이 머무는 미술 세계	[6미02-05] 다양한 표현 방법의 특징과 과정을 탐색하여 활용할 수 있다. [6미02-03] 다양한 재료를 활용하여 아이디어와 관련된 표현 내용을 구체화할 수 있다.

환경 수업 흐름

양말을 만들 때 버려진 쓰레기는 어떻게 될까요?

양말목을 이용하여 생활에 필요한 소품을 만들어봅시다.

나만의 양말목 생활 소품을 만들 수도 있습니다.

반전! 버려지는 양말목의 변신

지구를 지키는 패션 트렌드, 업사이클링

1년 동안 전 세계에서 만들어지는 새 옷은 약 '1000억 벌'이라고 합니다. 어마어마한 양입니다. 그런데 안 팔린 재고 의류는 모두 소각합니다. 최근 이러한 재고 의류를 완전히 다른 모습으로 탈바꿈시키는 업사이클링 상품들이 새로운 트렌드로 자리 잡고 있습니다. 의류 회사 재고 창고를 가보면 다양한 종류의 옷이 가득합니다. 안 팔리는 옷은 소각해 폐기 처분하게 됩니다. 업사이클링 제품은 남는 재고를 가지고 새로운 옷이나 가방 등을 만들기 때문에 창의적이고 환경을 생각하는 마음으로 소비자들에게 더 인기를 얻고 있습니다.

관련 동영상: MBC 뉴스 유튜브 채널, 2019.9.25.

🌿 양말목 컵받침 만들기

1 직조 틀에 양말목을 걸기

2 양말목을 위아래로 교차하여 걸기

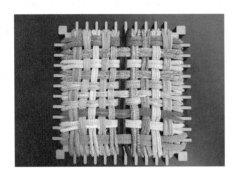

3 10줄 모두 엇갈려 엮기

4 손가락을 이용하여 고리를 빼기

5 고리를 끝까지 빼주기

6 양말목 컵받침 완성!

새활용 교육

버려지는 자원에 디자인을
더하거나 활용방법을 바꿔
새로운 가치를 만들어내는
업사이클링의 우리말

새활용 교육

- 물건을 처음 만들 때부터 환경과 자연을
  생각하며 쓸모가 없어진 후까지
  고려하는 것
- 물건을 가치 있게 오래 사용하도록
  의미를 담아서 만드는 것
- 환경을 지키고 자원순환을 실천할 수
  있는 자원순환의 새로운 방법

새활용 교육

- 리싸이클링이 버려진 물건을 다시
  상품화하는데 에너지와 비용이 많이
  드는 반면 업사이클링은 그 부분까지
  최소화하면서 더 나은 가치의 새로운
  제품을 만드는 것

새활용 교육

- 기후 위기 문제와 쓰레기 문제가 나날이
  심각해지는 요즘,
- 지속 가능한 지구를 위한 자원 순환의
  새로운 방향을 제시합니다.

새활용 소재

새활용에서 폐기물이란
유용한 새활용 디자인
소재이며
지속가능한 지구를 위한
소중한 순환자원입니다.

소재 은행

- 버려지는 소재를 소재은행에 공급해주면
  또 다른 자원이 됩니다.
- 서울새활용플라자에는 소재은행이
  있습니다. 이 소재은행은 새활용 소재의
  공급과 수요를 연결하는 온오프라인
  플랫폼입니다.

현대 사회의 단면: 의류 섬유 폐기물

10년 사이 현대사회의 발전은
패션시장내에서도 폭발적인 성장을 했습니다.

- 환경부에 따르면 하루에 발생한 의류 폐기물
  양은 2014년 214톤입니다. 특히 최근에는
  유행에 따라 바로바로 신제품을 내놓는 브랜드
  확대로 의류 폐기물은 더욱 늘어나고 있습니다.

현대 사회의 단면: 의류 섬유 폐기물

- 최근 생산되는 의류는 대부분 화학섬유로
  만들어지고 있습니다. 화학섬유는 석유를 원료로
  하기 때문에 폐섬유 재활용을 높이고
- 석유의존도를 낮추는 한편 온실가스 감축에도 큰
  효과가 있을 것입니다.
- 폐섬유는 다양한 형태로 재활용 할 수 있습니다.
  강화플라스틱 등 건축자재, 부직포 및 충전재,
  흡음재, 원료물질로 환원할 수 있습니다.

쓰레기 봉투에 담겨져 있는
양말목

양말목이란?

양말의 발가락쪽 부분을 만들기
위해 잘려져 버려지는 부분으로
우리가 구입해 신고 다니는 양말의
일부분이었고 소재도 같습니다.

선생님이 알려주는 환경 TIP

버려지는 옷, 우리 생활 속에서
또 어떻게 활용할 수 있을까요?

업사이클링 의류 만들기

낡은 옷을 재활용하는 34가지 멋진 방법

실용성 위주의 양말목 작품 15가지 추천합니다

 업사이클링 환경 수업 후기

학생 1: 선생님! 버려지는 양말목이 이렇게 실생활에 요긴한 생활용품이 되는 게 신기해요.

학생 2: 양말목으로 또 다른 소품을 만들어보고 싶어요.

선생님: 우리가 버리는 쓰레기 중 잘 활용할 수 있는 자원은 정말 많답니다. 특히 옷을 만들 때 버려진 쓰레기를 모으면 또 다른 옷이 되고, 쓸모 있는 것으로 변신시킬 수 있어요. 우리 주변의 쓰레기를 매의 눈으로 봅시다.

참고자료 새활용플라자(seoulup.or.kr) / MBC 뉴스 유튜브 채널, [투데이 현장] 재활용 새활용! 패션 업계에 부는 '업사이클링', 2019. 9.25. / 스브스 뉴스 유튜브 채널, 깨끗한 페플라스틱 구하기 힘들어 외국에서 수입하던 회사가 '국산' 업사이클링 의류를 만들 수 있었던 이유, 2020.12.26. / 5분 Tricks 유튜브 채널, 낡은 옷을 재활용하는 34가지 멋진 방법, 2021.9.20. / 프로기록러 유튜브 채널, 실용성 위주 양말목 작품 15가지 추천합니다, 2021.1.3.

업사이클링 환경 수업 지도안

배움 목표	버려진 소재인 양말목으로 생활 소품을 만들면서 버려진 자원의 선 순환을 느낄 수 있다.	활동 시간	80분
준비 물	직조 틀, 양말목, 활동지	관련 교과	실과, 미술
흐름	활동 내용	시간	유의점
배움 열기	• 동기 유발하기 -패션 업계에 부는 업사이클링 영상 시청하기 　(youtube.com/watch?v=SKgwMqTVlaw) -의류 폐기물을 이용한 업사이클링의 다양한 사례 살펴보기 -오늘 공부할 내용에 관한 이야기 나누기 • 활동 주제 확인하기 -버려진 소재인 양말목으로 생활 소품을 만들면서 버려진 자원의 　선순환 느끼기	10분	★ 영상을 보고 의견 을 나누며 버려진 쓰 레기가 새로운 자원이 될 수 있음을 안다.
배움 활동	• [환경감수성 UP] 버려지는 양말에 대해 생각해보기 -양말을 만드는 과정에서 발생하는 쓰레기 알아보기 -쓰레기를 재활용할 수 있는 방법에 대해 아이디어 내기 -양말목을 이용하여 실생활에 적용할 수 있는 방법 찾아보기 • [공작활동] 양말목으로 생활 소품 만들기 -양말목을 이용하여 컵받침 만드는 시범 보여주기 -단계별로 양말목 만들기 　(짝 활동을 통해 서로 점검하고 도움 주기) -만든 작품 감상하기 • [아이디어 확산] -환경을 생각하는 나만의 양말목 아이디어 내기 -구상도에 나만의 작품을 창의적으로 설계하기 -PMI 기법으로 창의적인 발상 평가하기	15분 30분 20분	★ 양말목 니팅에서 고리 빼는 방법이 어 려울 수 있으므로 차 근차근 설명해준다. ★ 실제로 해보는 과 정에서 서로가 서로의 모델링이 되어본다.
배움 정리 및 공유	• 활동 소감 나누기 -양말목 공예의 장점 나누기 -내가 만든 양말목 공예품을 실생활에서 어떻게 이용할 수 있을지 　이야기해보기 -오늘 활동에서 배운 점, 느낀 점, 더 알고 싶은 점 나누기	5분	★ 배운 점, 느낀 점, 더 알고 싶은 점을 자 유롭게 나눌 수 있도 록 지도한다.

Tip! • 재활용 가능한 재료를 활용하여 창의적인 제품을 구상하고 제작해볼 수 있도록 지도한다.
　　 • 양말목 공예를 처음 접한 학생들에게 만드는 방법을 충분히 설명하고 시범을 보여준다. 이때, 온라인 콘텐츠를 활용하면 효과적이다.

학년   반   번 이름 (   )

환경을 생각하는 양말목 아트

환경을 생각하는 나만의 아름다운 양말목 아트를 구상해봅시다.

• 제목

_____

• 그림

• 설명

_____

_____

• 수정, 보완할 점

_____

_____

7. [오호 물병] 플라스틱 다이어트! 친환경 자원순환 오호 물병

여러분! 먹는 물병 '오호'에 대해 들어본 적 있나요?

오호는 2014년 영국 런던의 산업디자인학교 학생 3명이 환경을 보호할 새로운 포장 방법을 연구하던 중에 계란 노른자를 감싸는 막에서 아이디어를 얻어 물방울 형태의 물병을 개발한 것이 그 유래입니다.

500ml짜리 페트병 하나를 만들고 유통하고 재활용하는 데 엄청난 규모의 비용이 필요하고, 플라스틱 폐기물 때문에 발생하는 환경오염 및 처리비용까지 고려하면 새로운 대체 용품이 필요한 현실입니다.

오늘 선생님과 함께 플라스틱 다이어트 실천의 하나로 오호 물병을 만들어보면서 플라스틱의 문제점과 친환경 제품의 필요성에 대해 생각해봅시다!

생채 모방 기술을 활용한 오호 물병 이야기

 준비물 :
알긴산나트륨, 젖산칼슘, 컵 2개, 따뜻한 물, 슬러시 빨대 2개, 젓가락(막대) 2개, 숟가락, 식용색소

🌿 본 활동 관련 교육과정

과목	단원	핵심 성취 기준
과학	5-1-2. 생물과 환경	[6과05-03] 생태계 보전의 필요성을 인식하고 생태계 보전을 위해 우리가 할 수 있는 일에 대해 토의할 수 있다.
수학	6-1-4. 비와 비율	[6수04-02] 물질의 양의 크기를 비교하는 과정을 통해 비의 개념을 이해하고, 그 관계를 비로 나타낼 수 있다.
실과 (교학사)	6-2-5. 발명과 로봇	[6실02-06] 간단한 생활 소품을 창의적으로 제작하여 활용한다.
		[6실05-04] 다양한 재료를 활용하여 창의적인 제품을 구상하고 제작한다.
		[6실05-03] 생활 속에 적용된 발명과 문제해결 사례를 통해 발명의 의미와 중요성을 이해한다.
미술 (천재교육)	6-1-2. 눈이 머무는 미술 세계	[6미02-05] 다양한 표현 방법의 특징과 과정을 탐색하여 활용할 수 있다. [6미02-03] 다양한 자료를 활용하여 아이디어와 관련된 표현 내용을 구체화할 수 있다.

🌿 환경 수업 흐름

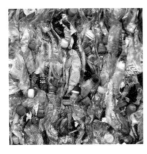

플라스틱 폐기물은 왜 문제가 될까요?

플라스틱 물병을 일부 대체할 수 있는 오호 물병을 제작해봅시다.

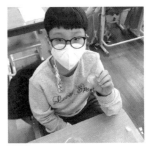

플라스틱 폐기물을 줄이기 위한 생활 속 실천을 다짐해봅시다!

기후위기 극복을
위해 우리가 할 수 있는 일
-일회용 플라스틱 쓰지 않기
-에너지 아껴 쓰기
-음식물 남기지 않기

우리 주변에서
볼 수 있는 환경문제
-바다로 흘러간
플라스틱 쓰레기
-한국 물 부족 심각

기후변화로 인한
자연재해

기후변화의 원인
- 지구온난화

생각해보기   **생체 모방 과학기술이란?**

생물체가 가진 유용한 기능을 모방하여 인간 생활에 적용하는 기술

윙슈트

오호 물병이란?

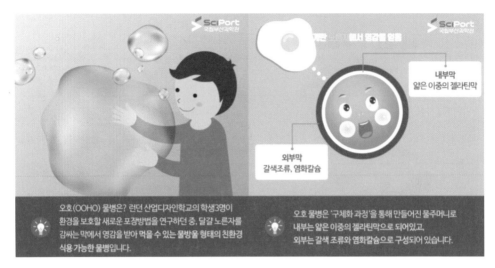

출처: 국립부산과학관(blog.naver.com/sciport2016)

플라스틱 사용을 줄일 수 있는 신기한 물병 만들기 실험!

우리가 사용하는 플라스틱 쓰레기로 인해 많은 바다 생물들이 아파하고 있어요.
2018년 기준, 우리나라 플라스틱 사용량은 총 632만 5000톤이라고 해요.
500ml페트병으로 우리나라 면적을 5번이나 뒤덮을 수 있는 양이라고 합니다.
생활 속에서 어떻게 플라스틱 사용을 줄일 수 있을까요? 생활 속 친환경 재료를 이용해 플라스틱 페트병을 대체할 새로운 물병 만들기 실험이 있습니다.
한번 같이 확인해볼까요?

관련 동영상: 키즈현대 유튜브 채널, 2016.4.22.

🌿 오호 물병 만들기 (이 책 120쪽 참고)

1 준비물 확인하기

2 작은 컵에 알긴산나트륨 3g과 식용색
  소 소량, 따뜻한 물 50ml 넣기

3 작은 컵 속 용액을 젤 형태가 될 때까
  지 막대로 잘 섞기

4 큰 컵에 젖산칼슘 5g과 따뜻한 물 300
  ml를 넣고 막대로 녹이기

5 젤 형태의 알긴산나트륨 용액을 숟가
  락으로 떠서 젖산칼슘 용액에 넣기

6 10~20초 후에 응고된 혼합물을 꺼내
  면, 오호 물병 완성!

🌿 오호 물병을 만드는 통통 레시피

1. 컵 2개, 미지근한 물, 알긴산나트륨, 젖산칼슘(염화칼슘), 식용색소, 숟가락, 슬러시 빨대 2개를 준비합니다.

2. 1개의 컵에 알긴산나트륨 3g을 넣어줍니다. 이때, 알긴산나트륨은 슬러시 빨대 기준으로 듬뿍 담은 2숟갈 분량입니다.

3. 식용색소를 조금만 넣어서 색깔에 변화를 줍니다.

4. 미지근한 물 50ml를 넣고 알긴산나트륨을 잘 녹여줍니다.

5. 15분 정도 녹이면 젤 형태로 변합니다. 이때, 젤 형태의 끈적끈적함이 부족하면 알긴산나트륨을 조금 더 넣어줍니다.

6. 다른 1개의 컵에 젖산칼슘(염화칼슘) 5g을 넣어줍니다. 이때, 젖산칼슘은 슬러시 빨대 기준으로 듬뿍 담은 3숟갈 분량입니다.

7. 미지근한 물 300ml를 넣고 젖산칼슘을 잘 녹여줍니다.

8. 2~3분 정도 녹이면 젖산칼슘이 물에 용해됩니다.

9. 알긴산나트륨 용액을 1숟갈 크게 떠서 젖산칼슘 용액에 넣어줍니다. 이때, 동그란 모양이 유지될 수 있도록 사뿐히 담아줍니다. 알긴산나트륨 용액을 숟가락에서 흐르듯 젖산칼슘 용액에 떨어뜨리면 예쁜 모양이 나오지 않으니 유의합니다.

10. 동그란 모양을 유지한 채 약 1분간 담가둡니다.

11. 젖산칼슘 용액에 담겨 있는 동그란 알긴산나트륨 용액을 터지지 않도록 숟가락으로 조심스럽게 꺼내줍니다.

12. 결과물을 관찰합니다.

선생님이 알려주는 환경 TIP

플라스틱 제로, 생수병 대신?

바다로 간 마스크 15억 개…
플라스틱 팬데믹

자연이 가진 기능을 모방한
생체모방기술

먹는 물병! 과일 오호 만들기

업사이클링 환경 수업 후기

학생 1: 기존의 물은 플라스틱 병에 담겨 있어서 쓰레기를 버릴 때 마음이 아팠는데, 오호 물병
은 통째로 먹으면 되어서 너무 신기해요.(^^)

학생 2: 앞으로 생수 회사는 물을 플라스틱 병에 담아서 판매하지 않았으면 좋겠어요.

선생님: 오호 물병은 환경을 생각하는 친환경 발명입니다. 여러분이 할 수 있는 '플라스틱 다
이어트' 활동에는 또 무엇이 있을지 곰곰이 생각해봅시다. 우리 모두 환경을 보존해
요.(^_^)

참고자료 한국수자원공사(blog.naver.com/ilovekwater) / 환경부 유튜브 채널, 함께 할까요? 플라스틱 다이어트! | 환
경부×뚜아뚜지TV 2020.12.16. / 채널A 뉴스 유튜브 채널, [세계를 보다] 바다로 간 마스크 15억 개…플라스틱 팬데믹,
2021.2.15. / YTN 사이언스 유튜브 채널, 자연이 가진 기능을 모방한 생체모방기술, 2018.3.7. / 뚤기|ddulgi 유튜브 채널,
edible water bottles ooho!edible water balloons, 2021.5.21.

업사이클링 환경 수업 지도안

배움 목표	플라스틱 폐기물의 심각성을 이해하고, 이를 해결할 수 있는 방안을 찾을 수 있다.	활동 시간	80분
준비 물	알긴산나트륨, 젖산칼슘, 컵 2개, 따뜻한 물, 슬러시 빨대 2개, 젓가 락(막대) 2개, 숟가락, 식용색소	관련 교과	과학, 수학, 실과, 미술
흐름	활동 내용	시간	유의점
배움 열기	• 동기 유발하기 -플라스틱 폐기물 문제 이해를 위해 '바다로 간 마스크 15억 개' 영 상 시청하기(youtube.com/watch?v=o3zHP8PIAgI) -플라스틱의 위험성 이야기 나누기 -오늘 공부할 내용에 관한 주제 찾기 • 활동 주제 확인하기 -플라스틱 폐기물의 심각성을 이해하고, 이를 해결할 수 있는 방안 을 찾기	10분	★ 영상을 보면서 플 라스틱 폐기물의 문제 점과 친환경 제품의 필요성에 대해 이야기 해본다.
배움 활동	• 〔환경감수성 UP〕 자연 모사 과학기술 이해하기 -자연 모사 과학기술 알아보기 -자연의 원리를 접목한 물품 찾아보기 -자연 모사 원리를 활용한 친환경 물품 찾아보기 • 〔공작활동〕 오호 물병 제작하기 -오호 물병 알아보기 -오호 물병 제작 원리 이해하기 -오호 물병 제작하기 • 〔실천 다짐하기〕 내가 할 수 있는 플라스틱 다이어트 알아보기 -내가 할 수 있는 '플라스틱 다이어트'는 무엇이 있는지 말해보기 -먹는 물병 '오호'를 활용할 수 있는 다양한 방법 생각해보기	15분 30분 20분	★ 오호 물병 재료는 식용이 가능하지만 실 험용 재료이기 때문에 학생들이 먹지 않도록 지도한다.
배움 정리 및 공유	• 활동 소감 나누기 -결과물 공유 및 오늘 배운 내용 정리하기 -플라스틱 폐기물을 줄이기 위한 생활 속 실천을 서약하기	5분	★ 생활 속 실천 다짐 을 해본다.

Tip!
• 알긴산나트륨, 젖산칼슘을 녹일 때 따뜻한 물을 사용하되, 학생들의 안전을 위해 너무 뜨거운 물을 사용하지 않도록 지도한다.
• 알긴산나트륨을 녹일 때 소량이라서 정확한 양을 계량하기는 어렵다. 그리고 잘 녹여서 끈적끈적한 젤리 형태의 혼합물이 나올 수 있도록 지도한다.
• 식용이 가능하긴 하지만 실험 결과물이니 오호 물병을 섭취하지 않도록 지도한다.

학년   반   번 이름 (   )

오호 물병 실험 결과 보고서

- 알긴산나트륨을 물에 녹이면 어떻게 되는지 적어봅시다.

- 알긴산나트륨 용액을 젖산칼슘 용액에 넣으면 어떠한 변화가 생기나요?

- 내가 만든 오호 물병의 모양을 그려봅시다.

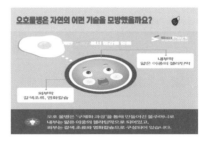

8. [볼링] 업사이클링 볼링으로 놀며 자원순환 실천하기

여러분! '자원순환'이라는 말을 들어보았나요?

자원순환이란 폐기물 발생을 최대한 줄이고, 사용한 폐기물에 대해서는 재사용 또는 재생 이용하며, 불가피하게 남은 폐기물은 환경에 미치는 영향을 최소화하여 처리하는 것을 의미하죠!

오늘은 업사이클링 볼링을 만들면서 자연스럽게 자원순환을 실천해봅시다. 함께 자원순환의 필요성에 대해 생각해봅시다!

환경부의 자원순환 실천 플랫폼(recycling-info.or.kr/act4r)

 준비물 :

미니볼링핀, 쇠구슬, 코팅장갑, 글루건, 종이상자 1개(옆면 50cm×20cm 이상), 30cm 자, 가위, 칼, 네임펜, 이쑤시개, 송곳

🍃 본 활동 관련 교육과정

과목	단원	핵심 성취 기준
과학	5-2-4. 물체의 운동	[6과07-01] 일상생활에서 물체의 운동을 관찰하여 속도를 정성적으로 비교할 수 있다.
		[6과07-02] 물체의 이동 거리와 걸린 시간을 조사하여 속력을 구할 수 있다.
수학	5-2-6. 평균과 가능성	[6수05-05] 실생활에서 가능성과 관련된 상황을 '불가능하다', '~아닐 것 같다', '반반이다', '~일 것 같다', '확실하다' 등으로 나타낼 수 있다.
		[6수05-06] 가능성을 수나 말로 나타낸 예를 찾아보고, 가능성을 비교할 수 있다.
		[6수05-07] 사건이 일어날 가능성을 수로 표현할 수 있다.
실과 (교학사)	6-1-6. 지속 가능한 미래 농업	[6실02-09] 생활 속 농업 체험을 통해 지속가능한 생활을 이해하고 실천할 수 있다.
체육	5-1-1. 건강	[4체01-06] 건강을 유지, 증진하기 위한 체력 운동 및 여가 생활을 실천한다.

🍃 환경 수업 흐름

자원 재활용이 왜 필요한지 생각해봅시다.

버려지는 박스를 사용해 업사이클링 볼링을 제작해봅시다.

자원 재활용을 위한 생활 속 실천을 다짐해봅시다!

자원 재활용을 위한 첫걸음, 분리배출!

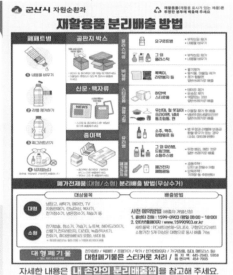

출처: 해운대구 자원순환과 / 군산시 자원순환과

생각해보기 올바른 분리배출 방법

우유갑, 종이컵은 내부 코팅으로 재활용 어려움

과자, 라면, 일회용 비닐봉지 등은 이물질을 깨끗이 씻어 비닐류로 분리배출

페트병, 플라스틱 용기는 내용물을 깨끗이 비워낸 다음 뚜껑, 상표 등을 제거 후 분리배출

알약 포장재, 칫솔 등 여러 재질이 섞인 제품은 일반 쓰레기로 분리배출

종이상자는 상자에 붙은 테이프를 다 제거한 뒤 종이류로 분리배출

거울, 도자기, 깨진 유리 등은 재활용이 되지 않아 종량제 봉투에 버리기

🍃 업사이클링 볼링이란?

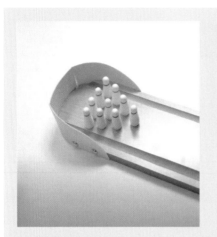 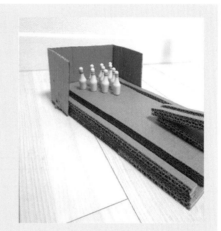

출처: 손가락 미니볼링(youtube.com/watch?v=Bm7ffGlgGc4)

▶ 볼링 알기

1. 경기 방법(전국소년체육대회 기준)

1) 경기 방식: 정해진 게임 수의 점수 합계로 순위 결정
2) 경기 구성: 1게임은 10개의 프레임으로 구성, 300점 만점

2. 경기 운영 방식

1) 프레임마다 스트라이크를 했을 때를 제외하고 두 번의 투구를 할 수 있음
2) 마지막 프레임에서 스트라이크를 했을 때 두 번의 투구를, 스페어 처리 시 한 번의 투구를 더 할 수 있음
3) 투구 방식에는 오픈 게임과 리그 게임이 있음

3. 경기 규칙

득점
- 공에 의해 핀이 쓰러진 경우
- 다른 핀에 의해 핀이 쓰러진 경우
- 옆면 벽 또는 뒷면 완충 장치를 맞고 튀어나온 핀에 의해 핀이 쓰러진 경우

무효
- 핀의 위치가 이동되었으나 넘어지지 않은 경우
- 파울이 선언된 공에 의해 핀이 쓰러진 경우

파울
- 투구 진행 과정에서 투구 후에 경기자의 신체 일부가 파울 라인에 닿은 경우
- 경기자의 신체 일부가 파울 라인 너머의 시설물에 닿은 경우

재투구
- 핀이 모자란 상황에서 투구가 이루어진 경우
- 투구된 공이 도착하기 전에 핀이 쓰러진 경우

4. 경기 전략 익히기

1) 스트라이크: 제1구로 10개의 핀을 모두 넘어뜨리는 것
2) 스페어 처리: 제1구를 던진 뒤에 남아 있는 핀을 제2구로 모두 넘어뜨리는 것

출처: Coach Me

🍃 업사이클링 볼링 만들기 (이 책 130쪽 참고)

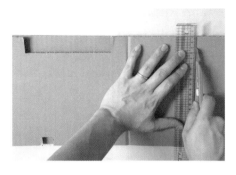

1 박스를 잘라서 네모난 면(15cm× 35cm) 3개 만들기

2 3개의 면 중 2개의 양쪽 끝을 사진과 같이 자르기

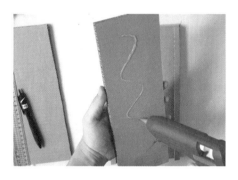

3 자르지 않은 면 위에 자른 면 붙이기(2의 사진에서 ○표 한 부분은 붙이지 않음)

4 볼링핀 위치 표시하기

5 박스의 나머지 면을 적당히 잘라서 구부려 가림판 만들기

6 볼링핀을 세우면, 업사이클링 볼링 완성!

🍃 업사이클링 볼링을 만드는 통통 레시피

1. 박스 옆면을 잘라 가로 15cm, 세로 35cm인 면 3개를 만듭니다.

2. 자른 박스 면의 길이가 긴 쪽 양 끝에서 1.5cm 간격으로 자를 대고 두 선을 그립니다. 이때, 반드시 자른 박스 면 3개 중 2개에만 선을 긋습니다.

3. 박스 면에 그린 선을 따라 자릅니다. 자를 때는 반드시 장갑을 착용하고 조심하여 자릅니다.

4. 15cm×35cm 크기 박스 면을 맨 아래에 두고 양 끝을 잘라낸 박스면 2개를 그 위에 쌓아 붙입니다. 이때, 공이 굴러갈 자리에 해당하는(양쪽 끝에서 두 번째로 자른) 부분은 붙이지 않습니다. 이것은 볼링 바닥이 됩니다.

5. 볼링 바닥의 가장 윗면에 볼링핀 위치를 표시해줍니다. 자를 대고 일정한 간격으로 10개의 볼링핀 위치를 표시해줍니다. 이때, 볼링핀 위치는 첫 줄 1개, 둘째 줄 2개, 셋째 줄 3개, 넷째 줄 4개입니다.

6. 가로 30cm, 세로 8cm인 박스 면을 1개 준비합니다.

7. 6번의 박스 면을 4번의 볼링 바닥에 맞춰 접어 볼링핀과 구슬이 튀어나가는 것을 방지하기 위한 벽을 세웁니다.

8. 글루건으로 볼링 벽을 볼링 바닥과 접착합니다. 글루건 사용 시 화상을 입지 않도록 유의합니다.

9. 볼링 구슬의 출발 지점을 표시합니다.

10. 볼링핀을 세워두고 즐거운 업사이클링 볼링을 합니다.

▶ 업사이클링 볼링 놀이

선생님이 알려주는 환경 TIP

자원순환의 필요성 및 올바른 분리배출 방법

[KORA] 자원순환 교육

투명 페트병에 대해 얼마나 알고있니? | 투명 페트병 재활용 | 분리배출

긴 '집콕'에 늘어난 쓰레기... 올바른 분리배출법

 업사이클링 환경 수업 후기

학생 1: 버려지는 박스를 이렇게 활용하여 놀 수 있다니 정말 재밌고 신기해요.

학생 2: 종이상자 말고도 다른 여러 가지 자원을 순환시킬 수 있는 방법을 찾아보고 싶어요.

선생님: 업사이클링 볼링은 자원순환을 실천하며 놀 수 있는 일석이조의 활동입니다. 또한 이 밖에 여러분이 할 수 있는 '자원순환 방법'에는 또 무엇이 있을지 곰곰이 생각해봅시다. 우리 모두 환경을 보존해요. ^_^

참고자료 자원순환 실천 플랫폼(recycling-info.or.kr/act4r) / 환경부 사이트(me.go.kr) / 환경부 유튜브 채널(bit. ly/2NtQhAW) / 한국순환자원유통지원센터 유튜브 채널, [KORA] 자원순환 교육, 2017.4.7. / 환경부 유튜브 채널, 투명 페트병에 대해 얼마나 알고 있니? | 투명 페트병 재활용 | 분리배출, 2021.5.4. / 긴 '집콕'에 늘어난 쓰레기···올바른 분리배출법, 2020.4.21.

업사이클링 환경 수업 지도안

배움 목표	버려지는 폐기물의 심각성을 이해하고, 자원순환을 통해 해결할 수 있는 방안을 찾을 수 있다.	활동 시간	80분
준비 물	미니볼링핀, 쇠구슬, 코팅장갑, 글루건, 종이상자 1개(옆면 50cm×20cm 이상), 30cm 자, 가위, 칼, 네임펜, 이쑤시개, 송곳	관련 교과	과학, 수학, 실과, 체육

흐름	활동 내용	시간	유의점
배움 열기	• 동기 유발하기 -버려지는 폐기물의 심각성 알기(youtu.be/b2xtop5QhEY) -폐기물을 줄일 수 있는 방법에 대해 이야기 나누기 -오늘 공부할 내용에 관한 주제 찾기 • 활동 주제 확인하기 -버려지는 폐기물의 심각성을 이해하고, 자원순환을 통해 해결할 수 있는 방안을 찾기	10분	★ 영상을 보면서 버려지는 폐기물의 심각성과 자원순환 실천의 필요성에 대해 이야기 해본다.
배움 활동	• [환경감수성 UP] 폐기물을 줄일 수 있는 방안 생각하기 -일회용품 사용 줄이기 -올바른 분리배출 방법 알기 -다양한 자원순환 실천 방법 알아보기 • [공작활동] 업사이클링 볼링 제작하기 -볼링 방법 알아보기 -업사이클링 볼링 활동의 목적 이해하기 -업사이클링 볼링 제작하기 • [실천 다짐하기] 내가 할 수 있는 자원순환 방법 찾아보기 -내가 할 수 있는 '자원순환 실천 방법'에는 무엇이 있는지 말해보기	15분 30분 20분	★ 업사이클링 볼링을 제작하는 과정에서 칼이나 글루건을 사용할 때 안전에 유의하도록 지도한다.
배움 정리 및 공유	• 활동 소감 나누기 -결과물 공유 및 오늘 배운 내용 정리하기 -폐기물을 줄이기 위한 생활 속 실천 서약하기	5분	★ 생활 속 실천 다짐을 해본다.

Tip! • 학생들의 안전과 사고 대비를 위해 코팅장갑을 사용한다.
• 박스 면이 50cm×20cm 크기가 나오지 않으면 최대한 비슷한 크기로 면을 만들어도 되지만 공이 굴러가는 길은 반드시 구슬 크기보다 약간 크게 홈을 만들어야 한다.

학년   반   번 이름 (   )

업사이클링 볼링 활동지

• 실제 볼링과 업사이클링 볼링의 차이점은 무엇인가요?

• 친구들과 업사이클링 볼링을 해보고 점수를 기록해봅시다.

	1	2	3	4	5	6	7	8	9	10	

• 업사이클링 볼링을 통해 자원순환을 실천한 소감을 이야기해봅시다.

_____

_____

_____

_____

9. [꽃병과 화분] 빈 병으로 인테리어 소품 만들기

생활 속에서 우리는 수많은 병들을 사용하고 버리고 있어요. 하지만 우리가 병에게 새로운 역할을 주면 어떨까요? 간단한 방법으로 나만의 새활용 꽃병과 화분을 만들어보아요.

쓰레기통에 버려져야 할 병들이 새 생명을 품는 그릇이자 여러분의 개성을 살린 인테리어 소품으로 새롭게 탄생하는 과정을 경험할 수 있어요.

친환경 새활용 꽃병과 화분

 준비물 :
유리병, 마스킹 테이프, 아크릴 물감, 붓, 매니큐어, 글루건, 마커, 페트병, 송곳, 라이터, 가위, 운동화 끈, 절연 테이프

🍃 본 활동 관련 교육과정

과목	단원	핵심 성취 기준
과학	5-2-2. 생물과 환경	[6과05-03] 생태계 보전의 필요성을 인식하고 생태계 보전을 위해 우리가 할 수 있는 일에 대해 토의해본다.
미술 (천재)	6-1-2. 행복한 미술 여행	[6미02-02] 다양한 발상 방법으로 아이디어를 발전시킬 수 있다.
미술 (천재)	6-2-3. 신나는 미술 작업실	[6미02-05] 다양한 표현 방법의 특징과 과정을 탐색하여 활용할 수 있다.
실과 (천재)	5-1-3. 똑소리 나는, 나의 생활 자원 관리	[6실03-04] 쾌적한 생활공간 관리의 필요성을 환경과 관련지어 이해하고 올바른 관리 방법을 계획하여 실천한다.
실과 (천재)	5-1-2. 동식물과 함께하는 나의 생활	[6실04-02] 생활 속 식물을 활용 목적에 따라 분류하고, 가꾸기 활동을 실행한다.
실과 (천재)	6-2-6. 재미있는 발명과 로봇의 세계	[6실05-04] 다양한 재료를 활용하여 창의적인 제품을 구상하고 제작한다.

🍃 환경 수업 흐름

사전적 의미.
Up + Recycle. 새활용.

새활용은 재활용과 어떤 것이 다를까요?

버려지는 병을 이용해 나만의 창의적인 생활 소품을 만들어봅시다.

완성한 생활 소품으로 나의 공간을 아름답게 꾸미고 환경 감수성을 높여봅시다.

재활용에서 한 걸음 더 나아가 새활용으로

무한한 상상, 새활용의 세계

버려지는 자원에 새로운 가치를 더한다? 새활용, 업사이클링(Upcycling)이란
재활용품에 디자인 또는 활용도를 더해 그 가치를 높인 제품으로 재탄생시키는 것을 말합니다.
폐건물의 화려한 변신부터 도심 속 이색 체험 행사까지, 무한한 상상이 만드는 새활용의 세계!
국내 최대 새활용 문화공간인 서울새활용플라자에는 일상생활에서 활용할 수 있는 다양한 물
건들을 전시하고 있습니다. 일 년에 두 번 열리는 장터를 비롯해 각종 체험 행사까지 진행합니
다. 이곳에서 쓰레기를 단순히 쓰레기로 생각하지 않고, 새로운 자원으로 재해석해서 새로운
디자인, 새로운 라이프 스타일을 창조하고 그것을 체험할 수 있습니다.

관련 동영상: YTN 사이언스 유튜브 채널, 2018.6.30.

🌿 마스킹 테이프를 사용해 꽃병 만들기

1 유리병에 마스킹 테이프 붙이기

2 병에 골고루 색칠하기

3 색칠한 면 위에 포인트 주기

4 색칠한 면이 충분히 마른 뒤 마스킹 테이프 떼기

5 병에 물 채우기

6 꽃을 꽂아 꽃병 완성하기

🌿 글루건을 사용해 꽃병 만들기

1 글루건을 사용해 병에 무늬 넣기

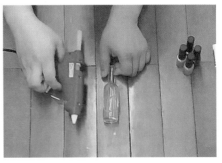

2 글루건 재료가 굳을 때까지 말리기

3 다양한 채색 도구로 칠하기

4 색칠한 병 위에 포인트 주기

5 병에 물 채우기

6 꽃을 꽂아 꽃병 완성하기

🌿 모세관 현상을 활용한 화분 만들기

1 페트병을 반으로 자르기

2 잘린 면을 가위로 깔끔하게 다듬기

3 절연 테이프로 잘린 면을 감아주기

4 송곳 끝부분을 라이터로 달궈주기

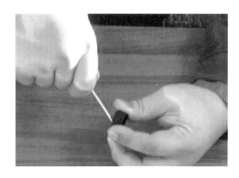

5 달궈진 송곳으로 병뚜껑에 구멍 뚫기

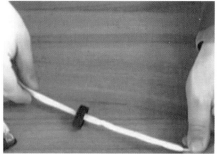

6 병뚜껑 구멍에 운동화 끈 끼우기

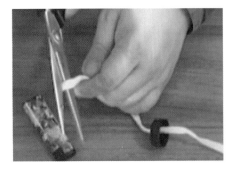

7 끈의 한쪽 끝을 페트병의 1/2 높이 정도, 다른 한쪽도 적당히 남기고 잘라내기

8 올이 풀리지 않게 매듭 지어주기

9 끈이 병뚜껑 위아래로 오게 하여 병뚜껑 잘 닫기

10 페트병의 아랫부분에 물을 담기

11 페트병의 윗부분(뚜껑 있는 쪽)에 흙을 담고 식물을심기

12 페트병 윗부분과 아랫부분을 결합하여 화분 완성하기

쉽게 버려지는 물건들, 간단하게 새활용하는 방법!

버리는 청바지로 앞치마 만들기–버리는 대신: 반짝 업사이클 아이디어 22

플라스틱 빨대로 디퓨저 플라워 스틱 만들기 –혼자 알고 있기엔 아까운 새활용 꿀팁 모음

업사이클링 환경 수업 후기

학생 1: 재활용에 대해선 잘 알고 있었지만 새활용에 대해 배우고 나니 더 재미있고 쉽게 환경을 보호할 수 있을 것 같아 좋아요!

학생 2: 간단한 새활용으로 재미있는 활동도 해보고 멋진 꽃병과 화분을 만들어 인테리어도 하니까 두 배로 즐거웠어요!

선생님: 지구는 전례 없는 환경오염의 위기에 처해 있어요. 과학자들은 환경위기에 대해 경고하고, 세계 여러 나라들은 앞다투어 환경정책을 만들고 있답니다. 여러분이 생활 속에서 새활용을 실천해준다면 아름다운 우리 터전인 지구를 건강하게 하는 데 큰 도움이 되지 않을까요?

참고자료 『어린 왕자』(앙투안 드 생텍쥐페리 지음) / YTN 사이언스 유튜브 채널 – [기술자들] 무한한 상상, 새활용의 세계, 2018.6.30. / 유튜브 채널 더팁 – [톡톡 튀는 DIY] 빈 병을 활용한, 나만의 꽃병 만들기 트릭 3선, 2017.10.11. / 유튜브 채널 더팁 – 버리는 대신: 반짝 업사이클 아이디어 22선, 2018.6.7. / 더하기 빼기 생활 유튜브 채널, 혼자 알고 있기엔 아까운 새활용 꿀팁 모음, 2020.1.7. / 진아의 풍경 유튜브 채널 – 유리병에 담은 봄, 매니큐어와 물감으로 그린 그림, 유리에 그림 그리기, 2020.4.15. / 함께과학/엄마표 스터디 유튜브 채널 – [함께과학] 모세관 현상은 왜 일어날까요?, 2020.9.18.

업사이클링 환경 수업 지도안

배움 목표	새활용의 의미를 이해하고 생활 속에서 버려지는 간단한 소품들을 이용해 친환경 새활용 꽃병과 화분을 만들 수 있다.	활동 시간	80분
준비 물	유리병, 마스킹 테이프, 아크릴 물감, 붓, 매니큐어, 글루건, 마커, 페트병, 송곳, 라이터, 가위, 운동화 끈, 절연 테이프	관련 교과	과학, 미술, 실과

흐름	활동 내용	시간	유의점
배움 열기	• 동기 유발하기 -『어린 왕자』의 일부 내용을 읽고 질문에 답하기 • 활동 주제 확인하기 -새활용의 의미를 이해하고 생활 속에서 버려지는 간단한 물품들을 이용해 친환경 새활용 꽃병과 화분을 만들기 • [환경감수성 UP] 새활용의 의미를 이해하고 관련 사례 알아보기 -새활용의 의미를 파악하기 위한 관련 영상 보기 (YTN Science 유튜브-[기술자들] 무한한 상상, 새활용의 세계) -LOHAS 운동 알아보고 나의 생활 점검하기 -새활용의 다양한 사례 알아보기	10분	★ 어린 왕자 이야기 속에서 새활용의 의미를 자연스럽게 이해하도록 유도한다. ★ 새활용 활동을 하기 전에 안전교육을 실시하여 다치지 않고 체험하도록 지도한다.
배움 활동	• [공작활동 1] 친환경 새활용 꽃병 만들기 -꽃병 만드는 방법을 영상으로 살펴보기 (1. 더팁 유튜브-[톡톡 튀는 DIY] 빈 병을 활용한 나만의 꽃병 만들기 트릭 3선 2. 진아의 풍경 유튜브-유리병에 담은 봄/매니큐어와 물감으로 그린 그림/유리에 그림 그리기) -마스킹 테이프를 이용해 일부가 투명한 꽃병 만들기 -글루건으로 꾸민 뒤 아크릴 물감으로 색칠한 꽃병 만들기	30분	★ 2가지 세부 활동 중 한 가지를 골라 충분한 시간을 두고 집중하여 만들 수 있게 지도한다.
	• [공작활동 2] 친환경 새활용 화분 만들기 -화분 만드는 방법을 영상으로 살펴보기 (더팁 유튜브-버리는 대신: 반짝 업사이클 아이디어 22선) -페트병과 운동화 끈을 이용한 화분 만들기 -화분이 작동하는 원리인 모세관 현상에 대해 알아보기 (함께과학 / 엄마표 스터디 유튜브-[함께과학] 모세관 현상은 왜 일어날까요?)	30분	★ 화분을 만들 때 칼, 라이터, 송곳 등 위험한 물건 사용에 대해 교사의 도움을 받을 수 있도록 한다.
배움 정리 및 공유	• 활동 소감 나누기 -친환경 새활용 꽃병과 화분을 만들면서 느낀 점 발표하기 -자원 재활용 교육을 듣고 새로 알게 된 점 이야기 나누기	10분	★ 서로 이야기를 주고받으며 공유하도록 지도한다.

Tip! • 새활용과 재활용의 구분을 잘 할 수 있도록 개념을 명확하게 알려준다.
• 꽃병은 집에서 인테리어 소품으로 활용할 수 있도록 안내하고, 화분은 교실에 두어 길러가며 식물을 관찰할 수 있도록 과학 수업과 연계하는 것도 하나의 방법이 될 수 있다.
• 서로 다른 꽃병을 만든 친구들과 많은 이야기를 나누고 서로의 작품을 살펴보며 다양한 경험을 공유할 수 있도록 돕는다.

10. [화분, 연필꽂이, 탈취제] 커피 찌꺼기의 변신

요즘 우리 주변에 커피숍들이 굉장히 많이 보입니다. 하루에 얼마나 많은 커피가 소비될까요? 여러분은 혹시 커피를 마실 때 생기는 커피 찌꺼기(커피박)를 알고 있나요? 1년 동안 생기는 커피 찌꺼기는 10만 3000톤입니다. 모두 고스란히 일반 쓰레기로 버려집니다.

커피 찌꺼기의 변신으로 지구를 조금 더 건강하게 지켜줄 방법이 있어요. 함께 시작해볼까요?

커피 점토

화분

 준비물 :
커피 찌꺼기, 밀가루, 소금, 물, 물풀, 일회용기 또는 다회용기, 커피 필터, 끈, 구멍 뚫는 펀치

🌿 본 활동 관련 교육과정

과목	단원	핵심 성취 기준
도덕	3-2-6. 생명을 존중하는 우리	[4도04-01] 생명의 소중함을 이해하고 인간생명과 환경문제에 관심을 가지며 인간생명과 자연을 보호하려는 태도를 가진다.
수학	3-2-5. 들이와 무게	[4수03-05] 들이를 나타내는 표준 단위의 필요성을 인식하여 1l와 1ml의 단위를 알고, 이를 이용하여 들이를 측정하고 어림할 수 있다.
		[4수03-08] 무게를 나타내는 표준 단위의 필요성을 인식하여 1g과 1kg의 단위를 알고, 이를 이용하여 무게를 측정하고 어림할 수 있다.
과학	3-1-1. 물질의 성질	[4과01-03] 서로 다른 물질을 섞었을 때 물질을 섞기 전과 후의 변화를 관찰하여 어떤 성질이 달라졌는지 설명할 수 있다.
미술	영역: 표현	[4미02-05] 조형 요소(점, 선, 면, 형·형태, 색, 질감, 양감 등)의 특징을 탐색하고, 표현 의도에 적합하게 적용할 수 있다.

🌿 환경 수업 흐름

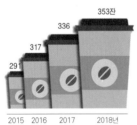

※ 원두 10g을 커피 한 잔으로 환산, 20세 이상 인구 기준

국내 1인당 커피 소비량

출처: 현대경제연구원, 한국경제신문 재인용

커피 찌꺼기 공예(방향제)

커피 찌꺼기로 만든 연료 전지의 성능

출처: YTN 사이언스

커피를 내려 마실 때마다 커피 찌꺼기가 생겨요

커피 찌꺼기의 놀라운 변신

커피 원두에서 커피를 추출하고 남은 가루를 커피 찌꺼기라고 합니다.

커피 원두의 10%만 우리가 마시는 커피가 되고 나머지 90%는 커피 찌꺼기로 버려집니다.

쓰레기로 버려져 매립되고 소각되는 커피 찌꺼기의 양은 어마어마합니다.

카페, 사무실, 음식점 등 많은 곳에서 커피가 소비되고 있지요. 여기서 나온 커피 찌꺼기를 어떻게 활용할 수 있을까요? 국가환경교육센터, 환경교육포털(keep.go.kr)에서 알아보아요.

관련 동영상: 환경교육포털 유튜브 채널, 2021.7.5.

우리나라 커피 소비량에 대해 더 알아봐요

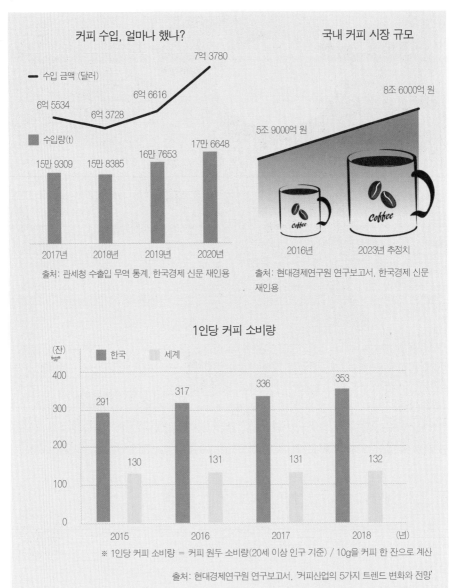

커피 수입, 얼마나 했나?

━ 수입 금액 (달러)

7억 3780

6억 5534

6억 3728

6억 6616

■ 수입량(t)

15만 9309　15만 8385　16만 7653　17만 6648

2017년　2018년　2019년　2020년

출처: 관세청 수출입 무역 통계, 한국경제 신문 재인용

국내 커피 시장 규모

8조 6000억 원

5조 9000억 원

2016년　2023년 추정치

출처: 현대경제연구원 연구보고서, 한국경제 신문 재인용

1인당 커피 소비량

(잔)　■ 한국　□ 세계

400

300

200

100

0

291　130　317　131　336　131　353　132

2015　2016　2017　2018　(년)

※ 1인당 커피 소비량 = 커피 원두 소비량(20세 이상 인구 기준) / 10g을 커피 한 잔으로 계산

출처: 현대경제연구원 연구보고서, '커피산업의 5가지 트렌드 변화와 전망'

🌿 화분 또는 연필꽂이 만들기

1 재료 준비하기(커피 찌꺼기 3컵, 밀가루 3컵, 소금 1컵 반, 물 1컵 반, 물풀, 일회용기 또는 다회용기)

2 물과 소금 섞어서 소금물 만들기

3 소금물, 커피 찌꺼기, 밀가루 섞기

4 물풀 섞기(점성을 살펴보며 적당히 넣기)

5 커피 찌꺼기 혼합물을 일회용기나 다회용기 안쪽에 펴 발라서 화분 모형 만들기

6 만들어진 화분 틀을 하루, 이틀 말려서 완성하기

출처: 카페박스토리 유튜브 채널(youtube.com/watch?v=e5022mEJxLY)

🍃 탈취제 만들기

1 재료 준비하기(커피 찌꺼기, 커피 필터, 끈, 구멍 뚫는 펀치)

2 커피 찌꺼기 말리기(팬에 볶거나 자연 건조하기)

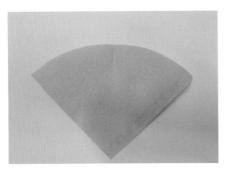

3 커피 필터 접기

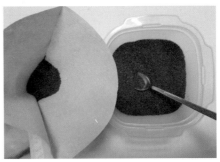

4 커피 필터를 펼쳐서 커피 찌꺼기 담기

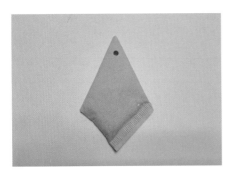

5 커피 필터를 다시 접어서 펀치로 구멍 뚫기

6 뚫은 구멍에 끈 넣어 묶으면 완성!

서로 다른 물질 섞기 (3학년 과학)

미숫가루와 설탕을 섞으면 물질의 성질은 어떻게 될지 이야기해봅시다.

미숫가루의 맛과 설탕의 맛, 즉 미숫가루와 설탕의 성질은 변하지 않습니다. 그렇다면 커피 찌꺼기 업사이클링 작품을 만들 때 서로 다른 물질을 섞으면 어떻게 될까요? 이때도 각 물질의 성질은 변하지 않은 채 골고루 섞입니다.

커피 찌꺼기

소금

밀가루

물

반죽하기

반죽 완성!

커피 찌꺼기는 음식물 쓰레기? 일반 쓰레기?

음식물 쓰레기와 일반 쓰레기를 구분하는 기준 두 가지를 알아봅시다.

첫째, 일반적으로 딱딱하고 질긴 것은 일반 쓰레기일 확률이 높아요. 예를 들면 다음과 같습니다. 동물 뼈와 생선 뼈, 과일 씨, 조개껍데기, 단단한 옥수숫대, 마늘대, 고추 꼭지와 씨 등. 그렇다면 바나나 껍질 같은 건 어떨까요? 귤껍질이나 바나나 껍질은 딱딱하다기보단 물렁물렁합니다. 그렇다면 음식물 쓰레기로 분류하면 됩니다.

둘째, 동물이 먹을 수 있는지와 없는지로 나눠 생각해봅니다. 우리가 음식물 쓰레기를 분리하여 배출하는 이유는 남은 음식 찌꺼기를 사료로 만들고 퇴비로 만드는 등 재활용하려고 하는 것이기 때문에 동물이 먹을 수 없는 음식물은 일반 쓰레기로 버리면 됩니다.

출처: 웨더뉴스 네이버 포스트 요약, 발췌(bit.ly/3rlazft)

GO GREEN

업사이클링 환경 수업 후기

학생 1: 커피 한 잔을 만들고 나오는 커피 찌꺼기가 생각보다 많았어요.

학생 2: 내가 만든 작품에서 은은하고 좋은 커피 향이 나서 기분까지 좋아져요.

선생님: 선생님도 커피를 정말 사랑하는 사람 중 한 사람입니다. 주로 핸드드립 커피를 내려 마시는 것을 좋아하는데, 그때마다 생기는 커피 찌꺼기를 보면서 수업을 구상해보았습니다. 우리의 작은 노력이 모여 푸른 지구를 만들 수 있다면 좋겠습니다.

업사이클링 환경 수업 지도안

배움 목표	커피 찌꺼기로 여러 가지 생활용품을 만들고 환경 보존의 필요성을 이해한다.	활동 시간	80분
준비 물	커피 찌꺼기, 밀가루, 소금, 물, 물풀, 일회용기 또는 다회용기, 커피 필터, 끈, 구멍 뚫는 펀치	관련 교과	도덕, 수학, 과학
흐름	활동 내용	시간	유의점
배움 열기	• 동기 유발하기 -커피와 관련된 경험 나누기 -연간 커피 소비량, 생성되는 커피 찌꺼기 양에 관한 영상 시청하기 -오늘 공부할 내용에 관한 이야기 나누기 • 활동 주제 확인하기 -커피 찌꺼기로 여러 가지 생활용품을 만들고 환경 보존의 필요성 을 이해하기	5분	★ 동영상의 내용과 관련 있는 지식과 경 험을 발휘할 수 있게 유도한다.
배움 활동	• [환경감수성 UP] -연간 생성되는 커피 찌꺼기 양 살펴보기 -커피 찌꺼기를 활용하는 사례 탐색하기 • [공작활동 (선택 1)] 화분 만들기 -여러 가지 화분 모양 탐색하기 -커피 찌꺼기 반죽으로 나만의 화분 만들기 • [공작활동 (선택 2)] 탈취제 만들기 -여러 가지 탈취제 모양 구상하기 -커피 찌꺼기 반죽으로 나만의 탈취제 만들기 ※ 기성품 쿠키 모양 틀 등을 활용할 수 있다. • [원리탐구] -서로 다른 물질을 섞었을 때 고유의 성질이 어떻게 되는지 관찰하 고 탐구하기 -커피 찌꺼기의 미래 알아보기 -커피 찌꺼기 처리하는 방법 알기	5분 50분 10분	★ 구체적인 통계 자 료를 함께 살펴본다. ★ 일회용 용기를 활 용해도 좋지만 되도록 다회용 용기를 활용하 는 것을 추천한다. ★ 커피 찌꺼기를 충 분히 건조하거나 팬에 볶아서 사용한다.
배움 정리 및 공유	• 활동 소감 나누기 -커피 찌꺼기를 활용하여 만든 업사이클링 생활용품 공유하기 -수업하면서 생각한 점, 느낀 점 발표하기 -선생님이 알려주는 환경 TIP 나누기	10분	★ 자원순환의 필요성 을 스스로 느끼고 실 천하려는 모습을 독려 한다.

Tip!
• 커피 찌꺼기를 '커피박'이라고도 한다.
• 커피 찌꺼기를 건조하는 방법으로는 자연 건조 방법과 팬에 볶는 방법이 있다.
• 커피 찌꺼기 반죽을 할 때 소금을 넣는 이유는 커피 찌꺼기의 부패를 막기 위해서이다.
• 미래 에너지와 관련된 내용을 다룰 때, 어려운 화학식들에 초점을 맞추기보다 학생들의 수준에 맞는 설명
으로 수업을 진행한다.

커피 찌꺼기, 아직도 그냥 버리십니까?

- 여러분의 생활 속에서 커피를 볼 수 있는 곳을 적어봅시다.

- 커피 찌꺼기를 새활용하는 방법을 3가지 적어봅시다.

- 커피 찌꺼기로 만들고 싶은 작품을 미리 스케치해봅시다.
  (모양, 색깔, 문구, 용도 등)

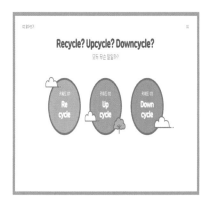

11. [자동 급수 화분] 자동 급수 친환경 텃밭 조성하기

버려지는 페트병과 플라스틱 컵으로 자동 급수 친환경 화분, 텃밭을 만들어보아요. 자원순환의 필요성을 이해하고 생활 속에서 친환경 텃밭 조성을 실천해 보아요.

자동 급수 화분   자동 급수 화분으로 만든 작은 텃밭

 준비물 :
투명 페트병(1.25ℓ) 또는 테이크아웃 컵 2개(작은 컵 1개, 큰 컵 1개), 운동화 끈(또는 사용한 물티슈), 송곳

🌿 본 활동 관련 교육과정

과목	단원	핵심 성취 기준
과학	4-1-3. 식물의 한살이	[4과13-01] 씨가 싹트거나 자라는 데 필요한 조건을 설명할 수 있다.
		[4과13-02] 식물의 한살이 관찰 계획을 세워 식물을 기르면서 한살이를 관찰할 수 있다.
		[4과13-03] 여러 가지 식물의 한살이 과정을 조사하여 식물에 따라 한살이 유형이 다양함을 설명할 수 있다.
수학	4-1-6. 규칙 찾기	[4수05-01] 실생활 자료를 수집하여 간단한 그림그래프나 막대그래프로 나타낼 수 있다.
		[4수05-03] 여러 가지 자료를 수집, 분류, 정리하여 특성에 맞는 그래프로 나타내고 그래프를 해석할 수 있다.
국어	4-1-4. 일에 대한 의견	[4국02-04] 글을 읽고 사실과 의견을 구별한다.
		[4국03-03] 관심 있는 주제에 대해 자신의 의견이 드러나게 글을 쓴다.

🌿 환경 수업 흐름

도시 속 녹화사업, 들어본 적 있나요? 녹화사업에 대해 알아봅시다.

버려지는 페트병과 일회용 테이크아웃 컵으로 자동 급수 화분을 만들어 친환경 텃밭을 조성해봅시다.

친환경 텃밭을 조성하면서 도시를 녹화하고 자원순환을 위해 노력해봅시다.

도시 속 녹화사업!

불과 70년 만에 지구를 삼켜버린 플라스틱!

우리는 일상생활에서 얼마나 많은 플라스틱 제품을 사용하고 버리고 있을까요?
편리함 때문에 사용하고 있는 플라스틱 제품. 과연 한국이 버린 플라스틱 쓰레기는 얼마나 많은지 살펴보고, 어떻게 하면 플라스틱 쓰레기 문제를 해결할 수 있을지, 그리고 플라스틱 제품을 재활용할 수 있는 방법에는 무엇이 있는지 생각해보세요.

관련 기사: 중앙일보, '한국이 버린 플라스틱 쓰레기…한 해 20만 톤 바다로 간다', 2021.6.21.

🍃 테이크아웃 컵으로 자동 급수 화분 만들기

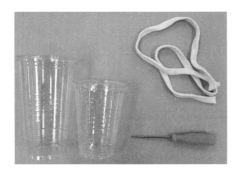

1 테이크아웃 컵 2개(큰 것, 작은 것), 운동화 끈, 송곳을 준비하기

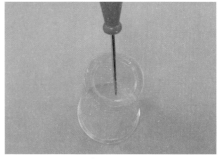

2 송곳으로 테이크아웃 컵(작은 것)의 바닥 가운데에 구멍 뚫기

3 가운데 구멍을 중심으로 사방에 구멍 4개 뚫기

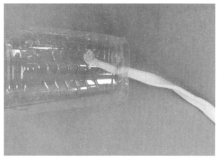

4 가운데 구멍에 운동화 끈 집어넣기

5 운동화 끈을 테이크아웃 컵 안쪽으로 잡아당기기

6 부엽토 준비하기

7 운동화 끈을 끼운 테이크아웃 컵을 큰 테이크아웃 컵에 끼우기

8 운동화 끈의 끝을 잡은 채로 부엽토 집어넣기

9 운동화 끈이 흙에 깔리지 않게 손으로 계속 고정하며 부엽토 채우기

10 씨앗 혹은 녹색식물 심기

11 테이크아웃 컵(큰 것)에 물을 넣은 후 작은 테이크아웃 컵을 끼워넣기

12 물이 넘쳐흐르지 않도록, 테이크아웃 컵(큰 것) 측면의 적당한 높이에 구멍을 뚫으면 자동 급수 화분 완성!

🌱 페트병으로 자동 급수 화분 만들기

1 페트병 1개, 사용한 물티슈 준비하기

2 페트병 뚜껑에 구멍 만들기

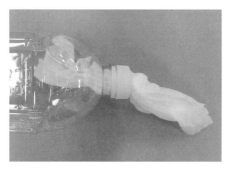

3 구멍에 물티슈를 집어넣고 뚜껑 닫기

4 페트병을 절반으로 자르기

5 잘라낸 페트병의 윗부분에 흙을 채우고, 페트병의 아랫부분에 끼우기

6 녹색식물을 심으면, 자동 급수 화분 완성!

자동 급수 화분으로 수직형 텃밭 조성하기

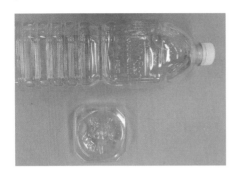

1 페트병 윗부분과 아랫부분의 모양 확인하기

2 페트병 3개를 모두 윗부분과 아랫부분으로 자르기

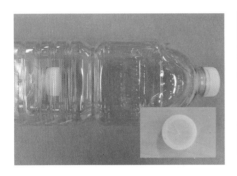

3 뚜껑은 별 모양으로 칼집을 내고, 자른 페트병 3개를 테이프로 서로 잇기

4 뚜껑이 보이는 위치에 직사각형 모양으로 구멍 내기

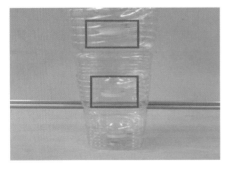

5 구멍(빨간 사각형 부분)을 통해 넘치지 않게 흙 집어넣기

6 녹색식물 심고, 수직형 텃밭 조성하기

원리가 보이는 업사이클링 환경 수업

▶ 식물의 한살이 탐구하기 (4학년 1학기 과학)

식물의 한살이

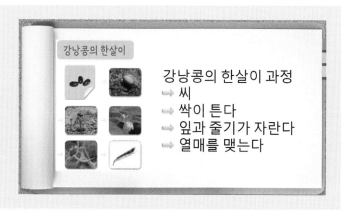

씨가 싹을 틔우고
자라는 데 영향을
주는 조건

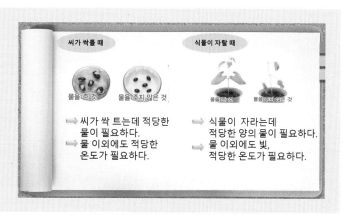

한해살이 식물과
여러해살이 식물의
공통점과 차이점

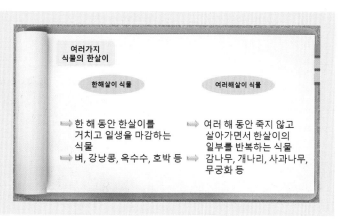

도시 텃밭 확대로 기후위기 대응하기

인천도시농업네트워크 유튜브 채널, 기후위기
비상행동—도시농부

서울시마을공동체종합지원센터 유튜브 채널,
마을에서 시작하는 기후위기 대응 활동

 페트병의 재활용 과정 및 재활용 사례 살펴보기

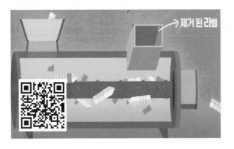

환경부 유튜브 채널, 투명 페트병에 대해 얼마나 알고 있니? | 투명 페트병 재활용 | 분리배출

KBS 뉴스 유튜브 채널, [ET] '페트병의 재탄생' 패션 업계가 선택한 업사이클링

기후위기 대응 업사이클링 환경 수업 지도안

배움 목표	페트병(테이크아웃 컵 등)으로 자동 급수 화분을 만들며 자원순환의 필요성을 알 수 있다.	활동 시간	80분
준비 물	투명 페트병(1.25l) 혹은 테이크아웃 컵 2개(작은 컵 1개, 큰 컵 1 개), 운동화 끈(또는 사용한 물티슈), 송곳	관련 교과	국어, 과학, 수학
흐름	활동 내용	시간	유의점
배움 열기	• 동기 유발하기 -한국의 플라스틱 쓰레기 배출 현황을 알려주는 영상 시청하기 • 활동 주제 확인하기 -페트병(테이크아웃 컵 등)으로 자동 급수 화분을 만들며 자원순환 의 필요성을 이해하기	5분	★ 학생들이 동영상의 내용에 공감할 수 있 는 분위기를 조성한 다.
배움 활동	• [도시 속 녹화] 도시 속 녹화의 중요성 알아보기 -도시녹화사업의 필요성 알아보기 -녹색식물의 중요성 알아보기 • [공작활동] 자동 급수 화분 만들기 -식물의 한살이를 고려하여 자동 급수 화분 만들기 -페트병(테이크아웃 컵 등)을 재사용한 자동 급수 화분 만들기 • [공작활동] 수직형 텃밭 조성하기 -자동 급수 화분을 응용한 수직형 텃밭 조성하기(페트병, 테이크아 웃 컵 등을 재활용함) • [원리탐구] 도시 텃밭으로 기후위기 대응하기 -도시 텃밭에 대해 알아보기 -도시 텃밭으로 기후위기 대응 방법 알아보기 • [원리탐구] 업사이클링 과정 알아보기 -페트병(테이크아웃 컵 등)의 업사이클링 과정 살펴보기 -페트병(테이크아웃 컵 등)의 업사이클링 사례 알아보기	7분 50분 13분	★ 도시녹화사업에 대 해 사전에 조사학습을 제시하여 본 차시에서 는 어떤 도시녹화사업 이 있는지 살펴본다. ★ 페트병을 활용하여 공작활동을 진행하며 안전을 위해 사고 예 방교육을 실시한다.
배움 정리 및 공유	• 활동 소감 나누기 -자동 급수 화분 및 텃밭을 조성하면서 느낀 점 발표하기	5분	★ 기후위기 대응 실 천 의지를 다질 수 있 는 기회를 제공한다.

Tip! • 자동 급수 화분 만들기 경험을 바탕으로 가정에서 배출하는 페트병이나 플라스틱 컵을 활용하여 우리 생
활에 유용한 물건들을 만들어 자원을 재활용할 때의 보람을 느낄 수 있도록 지도한다.
• 원리 탐구 활동을 통해 자원순환의 필요성을 느끼고 실생활에서 텃밭 조성 활동을 실천하는 태도를 함양
할 수 있도록 지도한다.

학년   반   번 이름 (   )

도시 속 녹화사업의 종류와 중요성

- 도시 속 녹화사업의 종류를 조사해보고, 왜 중요한지 적어봅시다.

- 식물의 한살이 과정에 대해 조사해봅시다.

- 자동 급수 화분 만들기 활동을 통해 텃밭 조성 계획을 간단히 세워보고, 그 외에 자신이 해보고 싶은 자원 재활용 방법도 적어보세요.

Part 3

원리가 보이는
업사이클링 환경놀이

1. [고무동력 배] 배가 물 위에 뜨는 과학 원리 배우기

우리가 자주 마시는 500ml 플라스틱 생수병을 사용하여 고무동력 배를 만들 어봅시다. 업사이클링 고무동력 배를 만들면서 과학과 관련된 고무의 탄성을 배울 수 있고, 사회 시간에 나오는 수송 수단도 함께 탐구할 수 있어요.

업사이클링 고무동력 배

 준비물 :
빈 페트병(500㎖, 사각 모양), 고무줄 2개, 나무젓가락 2벌, 가위, 양면테이프, 스카치테이프, 플라스틱 조각

🌿 본 활동 관련 교육과정

과목	단원	핵심 성취 기준
과학	2. 물질의 성질	〔4과01-01〕 서로 다른 물질로 만들어진 물체들을 비교하여 물체의 기능과 물질의 성질을 관련지을 수 있다.
		〔4과01-02〕 크기와 모양은 같지만 서로 다른 물질로 이루어진 물체들을 관찰하여 물질의 여러 가지 성질을 비교할 수 있다.
사회	3. 교통과 통신 수단의 변화	〔4사01-05〕 옛날과 오늘날의 교통수단에 관한 자료를 바탕으로 하여 교통수단의 발달에 따른 생활 모습의 변화를 설명한다.
		〔4사01-06〕 옛날과 오늘날의 통신수단에 관한 자료를 바탕으로 하여 통신수단의 발달에 따른 생활 모습의 변화를 설명한다.

🌿 환경 수업 흐름

생활 속에서 흔히 쓰이는 페트병을 새활용해볼까요?

페트병, 플라스틱 조각, 고무줄을 사용하여 고무동력 배를 만들어봅시다.

배가 물 위에 뜨는 원리에 대해 탐구해봅시다.

일상생활에서 사용할 수 있는 업사이클링 제품

낡은 자전거로 만든 조명! 오늘 먹은 우유갑은 연필꽂이로! 소방호스로 만든
가방! 일상에서 아무렇지 않게 버려진 쓰레기들은 대기오염, 토양오염, 해양오염 등의 많은
문제를 일으킵니다! 다 쓴 물건을 활용한다면 재활용을 떠올리지요?
버려진 물건에 쓰임새와 가치를 더해 새로운 물건으로 재탄생시키는 업사이클링 활동이 있답
니다. 어떤 활동들이 있는지 찾아서 함께 실천해봅시다.

관련 동영상: 고려대학교 인액터스 뉴턴 프로젝트 유튜브 채널, 2014.11.22.

🍃 고무동력 배 만들기

1 준비물 챙기기

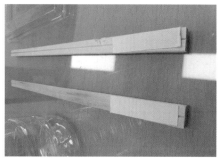

2 나무젓가락 2개의 뚱뚱한 부분에 양면 테이프 부착하기

3 양면테이프를 부착한 나무젓가락을 페 트병에 붙인 후, 스카치테이프로 감아 서 단단하게 고정하기

4 플라스틱으로 배의 페달 만들기(모서 리가 둥근 사각형 모양)

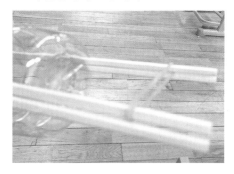

5 나무젓가락 사이에 고무줄 끼우기

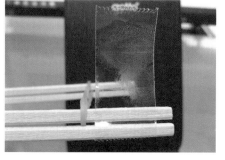

6 고무줄이 빠지지 않도록 테이프로 고 정하기

7 플라스틱 페달을 고무줄에 부착하기

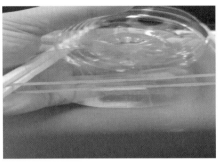

8 패달을 돌리기(50~70회, 너무 많이 돌리면 고무줄 탄성에 한계가 있어서 끊어지므로 유의한다.)

9 고무동력 배 완성!

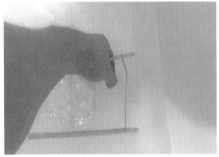

10 고무동력 배를 물에 띄워 잘 이동하는지 확인하기

출처: 해양수산부 유튜브 채널(bit.ly/2ZeaSmG)

페트병 분리배출 방법을 알아볼까요?

비우기

헹구기

라벨 떼기

찌그러뜨린 후 뚜껑 닫기

투명 페트병 전용 수거함에 넣기

유색 페트병은 플라스틱 수거 함에 넣기

출처: 환경부 유튜브 채널(bit.ly/3DI0Bhp)

수업 정리하기

부	동	해	복	원	력
그	력	물	휘	장	휘
대	투	명	페	트	병
백	가	나	파	람	떠

1. '배가 물 위에 뜨는 힘'을 이르는 말
2. 페트병은 유색 페트병과 ○○페트병으로 나눌 수 있다.
3. '배가 쓰러지지 않고 중심을 잡는 힘'을 이르는 말

업사이클링 환경 수업 지도안

배움 목표	업사이클링 고무동력 배를 만들고 그 속에 숨겨진 배가 뜨는 원리를 이해할 수 있다.	활동 시간	80분
준비 물	페트병(500ml), 버려진 플라스틱 조각, 고무줄, 나무젓가락 2벌, 양면테이프, 스카치테이프, 가위	관련 교과	과학, 사회

흐름	활동 내용	시간	유의점
배움 열기	• 동기 유발하기 -플라스틱 쓰레기 산 영상 시청하기 (youtube.com/watch?v=a354_Y4zRtE) -공부할 내용에 관한 이야기 나누기 • 활동 주제 확인하기 -업사이클링 고무동력 배를 만들고 그 속에 숨겨진 배가 뜨는 원리를 이해하기	5분	★ 학생들이 생활 속에서 보고 느낀 점을 자유롭게 말할 수 있도록 한다.
배움 활동	• [환경감수성 UP] 페트병 분리배출의 필요성 및 방법 알아보기 -가정에서 페트병를 재활용할 수 있는 방법 발표하기 -사전 과제 제시 후 학생 조사 내용 발표하기 • [공작활동] 고무동력 배 만들기 -배가 뜨는 원리를 사전에 설명하기 -원리 이해 후 페트병을 사용하여 고무동력 배 만들기 • [원리탐구] 배가 뜨는 원리 탐구하기 -업사이클링 고무동력 배에 숨겨진 과학 원리 발견하기 -발견한 과학 원리를 친구들 앞에서 발표하기	10분 45분 15분	★ 학생들이 자신의 분리배출 수거 경험을 말할 수 있도록 한다. ★ 배가 뜨는 원리에 대해서 학생들이 잘못된 이야기를 하더라도 다양한 내용이 나올 수 있도록 허용적인 분위기를 조성한다.
배움 정리 및 공유	• 활동 소감 나누기 -낱말 찾기 정리 학습을 하고 느낀 점 발표하기 -새로 알게 된 점 이야기 나누기	5분	

Tip! • 업사이클링 고무동력 배 만들기 공작 활동의 성공 경험을 바탕으로 가정에서 배출하는 페트병을 재활용하여 우리 생활에 유용한 물건을 얼마든지 만들어낼 수 있다는 자신감을 가지도록 지도한다.

학년   반   번 이름 (   )

페트병 분리배출의 필요성 및 방법

- 페트병을 가정에서 재활용할 수 있는 방법에 대해서 적어봅시다.

- 페트병 분리배출 방법을 순서대로 써보세요.

- 배가 뜨는 원리를 부력과 복원력을 바탕으로 설명해보세요. (그림 가능)

OECD 연구 조사에 따르면, 우리나라가 2050년이 되면 OECD 국가 중 물 부족으로 가장 고통받는 국가가 될 것이라고 합니다.

2050년 물 부족 예상 국가 1위 한국, 2위 벨기에, 3위 스페인, 4위 일본, 5위 미국

샤워할 때 나의 물 사용량은 얼마나 될까요?

15분 이상 샤워를 하면 보통 130~180리터 이상의 물을 사용합니다.

물의 높이 3.6cm

환경 수업을 위해 우리 학교에서는 3개 학급이 '바다로 간 플라스틱'을 주제로 동시 수업을 진행했습니다.

환경 수업 모습

환경 수업 교재

환경 수업 교재

※참고: 이렇게 생긴 페트병이 배로 만들었을 때 잘 이동합니다.

2. [우주볼펜] 모세관 현상의 원리를 배우며 우주볼펜 만들기

버려지는 펌핑용기를 재활용해 업사이클링 우주볼펜을 만들어보아요.
완성된 우주볼펜을 조작하면서 모세관 현상의 원리를 탐구할 수 있어요.

업사이클링 우주볼펜

 준비물 :
글루건, 화장솜, 물감, 물통, 볼펜심, 펌핑용기 관(너무 얇지 않은 것), 핀셋

🍃 본 활동 관련 교육과정

과목	단원	핵심 성취 기준
과학	5-2-2. 생물과 환경	[6과05-03] 생태계 보전의 필요성을 인식하고 생태계 보전을 위해 우리가 할 수 있는 일에 대해 토의해본다.
과학	6-1-4. 식물의 구조와 기능	[6과12-02] 식물의 전체적인 구조 관찰과 실험을 통해 뿌리, 줄기, 잎, 꽃의 구조와 기능을 설명할 수 있다.
수학	6-1-6. 직육면체 의 부피와 겉넓이	[6과02-08] 원기둥을 알고, 구성요소, 성질, 전개도를 이해한다.
실과 (교학사- 정성봉)	5-1-3. 자원관리와 자립	[6실02-06] 간단한 생활 소품을 창의적으로 제작하여 활용한다.
		[6실05-04] 다양한 재료를 활용하여 창의적인 제품을 구상하고 제작한다.
미술 (동아- 김정희)	5-1-8. 생활 속의 디자인	[6미02-03] 다양한 자료를 활용하여 나만의 아이디어와 관련된 표현 내용을 구체화할 수 있다.
		[6미02-06] 작품 제작 과정에서 느낀 점, 새로 알게 된 점 등을 서로 이야기한다.

🍃 환경 수업 흐름

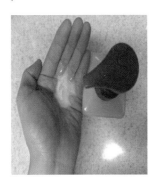

가정에서 많이 생기는 샴푸 펌프를 어떻게 재활용해볼까요?

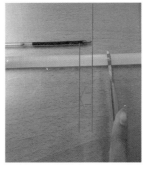

샴푸 펌프와 화장솜을 이용해서 업사이클링 우주볼펜을 만들어봅시다.

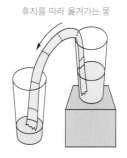

휴지를 따라 옮겨가는 물

화장솜에 물감을 흡수시켜가며 모세관 현상의 원리를 탐구해봅시다.

무심코 사용한 플라스틱이 모여 아주 큰 나라가 된 '쓰레기 섬'

2018년 7월 도미니카 공화국 산토도밍고 해변에 떠다니는 쓰레기들….
대체 무슨 일이 일어난 걸까요? 바다 위의 플라스틱을 6일 동안 60톤 이상 치워냈지만, 치워도 치워도 끝이 없대요. 바다로 들어가 보니 '물 반 고기 반'이 아니라 '물 반 쓰레기 반'. 매년 바다로 흘러 들어가는 플라스틱이 1200만 톤에 달하여 이제는 플라스틱 섬(Great Pacific Garbage Patch)이 되었다고 합니다. 대한민국 면적의 15배나 되는 플라스틱 섬은 미국 하와이와 캘리포니아 사이에 있습니다. 국민도 있고 여권, 지폐, 우표도 있는 어엿한 국가인데요. 세계경제포럼 보고서(2016)에 따르면, 2050년이 되면 바다에서 플라스틱이 물고기 무게보다 무거워질 것이라고 합니다.

관련 동영상: 엠빅뉴스 유튜브 채널, 2018.7.28.

🌿 업사이클링 우주볼펜 만들기

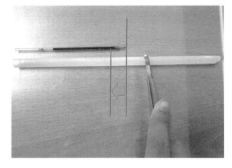

1 펌핑용기 관의 길이를 볼펜보다 약간 짧게 자르기

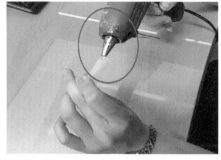

2 관의 한쪽 끝을 글루건으로 막기

3 글루건 내용물이 굳기 전에 글리터에 살짝 넣어서 글리터 묻히기

4 물에 물감을 타서 원하는 색 만들기

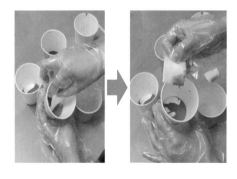

5 물감을 탄 물에 화장솜 적시기

6 화장솜으로 볼펜 감싸기

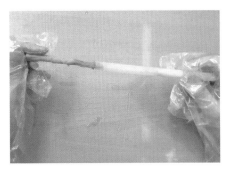

7 볼펜심을 살살 돌려가며 관 안에 넣기

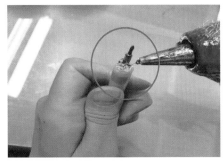

8 관 입구까지 화장솜을 채우고 글루건으로 막기

9 글리터에 넣기

10 글리터가 굳기 전에 손으로 모양을 다듬어가며 잘 굳히기

우주볼펜 원리 탐구하기

왜 그럴까요?

✳ 나무의 뿌리에서 흡수된 물이 나무 꼭대기까지 올라간다.

✳ 손을 닦고 나온 후 물기를 수건에 닦으면 물이 흡수된다.

휴지를 따라 옮겨가는 물

아하, 바로 이것 때문!

ㅁㅅㄱ 현상

모세관 현상이란?

머리카락처럼 가느다란 관을 액체 속에 세웠을 때 액체가 관을 따라 올라가거나 내려오는 현상

응집력과 부착력

응집력 액체 분자 사이에 작용하는 인력

부착력 서로 다른 상태의 물질 사이에 작용하는 인력

액체 내부의 분자에 작용하는 인력

액체 표면의 분자에 작용하는 인력

표면장력

액체가 표면에서 그 표면적을 가능한 한 작게 하려는 힘

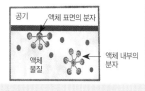

공기

액체 표면의 분자

액체 물질

액체 내부의 분자

표면장력과 모세관현상

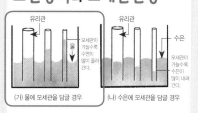

유리관

유리관

물

모세관이 가늘수록 수면이 많이 올라간다.

수은

모세관이 가늘수록 수은이 많이 내려 간다.

(가) 물에 모세관을 담글 경우 (나) 수은에 모세관을 담글 경우

모세관 현상은 왜 일어날까요?

물의 붙는 성질(**부착력**) + 물끼리 서로 끌어당기는 성질(**표면장력**) 때문에 모세관 현상이 일어납니다.

➡ 물 속에 관이 들어가면 관 표면에 물이 달라붙습니다. 표면에 붙은 물이 낮은 곳의 물을 끌어당깁니다. 그래서 물은 관을 타고 쭉쭉 올라가게 되는 것이지요.

반대로 관 표면에 붙는 성질이 없는 액체(수은)의 경우 관을 타고 내려가기도 합니다.

샴프 통 펌프 분리배출 방법

샴푸 통 몸체는 플라스틱으로 분리배출하기

펌프는 금속 스프링과 플라스틱 등이 섞인 혼합 재질이므로 일반 쓰레기로 버리기

플라스틱 통에 담긴 액체 비누 대신에 되도록 고체로 만든 샴푸, 트리트먼트, 바디워시 사용하기

업사이클링 환경 수업 후기

학생 1: 예쁜 나만의 볼펜을 만드는 과정이 재미있었습니다. 앞으로 액체로 된 바디워시보다는 고체 형태의 세정제를 사용하기 위해 노력하겠습니다.

학생 2: 안 쓰는 볼펜심과 버리는 펌프 관을 사용해 볼펜을 직접 만들어 사용하니 보람이 있었습니다.

선생님: 우리 생활 속에는 플라스틱 용기와 플라스틱 펌프를 이용한 상품들이 많습니다. 이런 용기와 펌프를 찾아 올바르게 분리배출하고 재활용할 방법을 실천한다면 환경 쓰레기를 줄일 수 있을 것입니다. 우리가 함께 힘을 합쳐야만 쓰레기 악당과 쓰레기 섬을 없애고 환경을 보호할 수 있습니다.

참고자료 환경부(2018), 재활용품 분리배출 가이드라인.

업사이클링 환경 수업 지도안

배움 목표	업사이클링 우주볼펜을 만들고 그 속에 숨겨진 모세관 현상의 원리를 이해할 수 있다.	활동 시간	80분
준비물	글루건, 화장솜, 물감, 종이컵(물감 물통), 볼펜심, 펌핑용기 관(너무 얇지 않은 것), 핀셋	관련 교과	과학, 수학, 실과

흐름	활동 내용	시간	유의점
배움 열기	• 동기 유발하기 -'태평양을 떠도는 쓰레기섬' 동영상 시청하기 (youtu.be/6vSE2eBh-Do) -오늘 공부할 내용에 관한 이야기 나누기 • 활동 주제 확인하기 -업사이클링 우주볼펜을 만들고 그 속에 숨겨진 모세관 현상의 원리를 이해하기	5분	★ 학생들의 다양한 반응이 나오도록 평상시 플라스틱 사용 실태를 떠올리게 한다.
배움 활동	• [환경감수성 UP] 펌프 재활용의 필요성 및 방법 알기 -가정에서 펌프관을 재활용할 수 있는 방법 발표하기 -사전과제 제시 후 학생 조사 내용 발표하기 • [공작활동] 업사이클링 우주볼펜 만들기 -모세관 현상의 원리를 사전에 설명하기 -원리 이해 후 펌핑 용기 관과 화장솜을 이용하여 업사이클링 우주볼펜 만들기 • [원리탐구] 우주볼펜 원리 탐구하기 -업사이클링 우주볼펜에 숨겨진 과학 원리 발견하기 -발견한 과학 원리 친구들 앞에서 발표하기	7분 50분 13분	★ 학생들이 물에 물감을 진하게 타도록 하고 물을 소량 묻혀 화장솜을 적당히 적시도록 지도한다. ★ 칼과 본드 사용 시 안전에 유의하도록 지도한다.
배움 정리 및 공유	• 활동 소감 나누기 -업사이클링 우주볼펜을 만들면서 느낀 점 발표하기 -샴푸, 린스, 바디워시 통 및 펌프 분리배출 방법을 듣고 새로 알게 된 점 이야기 나누기	5분	★ 펌프 분리배출 방법을 실천할 수 있도록 지도한다.

Tip! • 업사이클링 우주볼펜 공작 활동의 성공 경험을 바탕으로 가정에서 배출하는 펌핑용기 관을 재활용하여 우리 생활에 유용한 물건들을 얼마든지 많이 만들어낼 수 있다는 자신감을 가질 수 있도록 지도한다.
• 공작 활동을 하기 전에 원리를 설명하여 학생들이 원리와 공작 활동을 연결할 수 있도록 지도한다.

학년   반   번 이름 (   )

샴푸 펌프 재활용의 필요성 및 방법

- 샴푸 통의 펌프를 가정에서 재활용할 수 있는 방법에 대해서 적어봅시다.

- 우주볼펜 만들기 활동에서 솜 사이의 공간에 물감이 자연스럽게 채워지는 원리를 뭐라고 하나요? 솜으로 물감이 스며드는 이유를 적어봅시다.

- 업사이클링 우주볼펜을 만들면서 발견한 모세관 현상의 원리를 적어봅시다.

나는 무엇일까요?

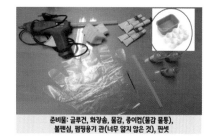

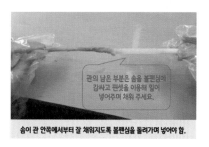

펌프 분리배출 방법

펌프는 100% 플라스틱이 아니고 안에 다른 재질이
섞여 있는 혼합 재질이므로 재활용이 어렵다

관련 영상 https://youtu.be/sODsXR_01iA

3. [골드버그] 골드버그 놀이기구에서 에너지 변환 이해하기

재활용품을 활용해 골드버그 장치를 만들어보아요.
자원순환의 필요성을 이해하고, 에너지 변환을 알고, 골드버그 놀이기구를 만들어 체험하며 놀 수 있어요.

골드버그 장치 작동하는 모습

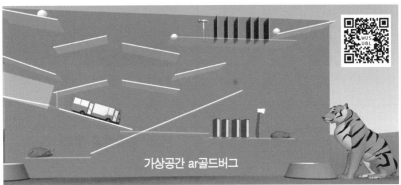

가상공간 ar골드버그

준비물 :
과자상자, 종이상자, 페트병, 빨대, 면장갑, 칼, 가위, 구슬, 풀, 투명 테이프

🍃 본 활동 관련 교육과정

과목	단원	핵심 성취 기준
과학	6-2-5. 에너지와 생활	〔6과17-02〕 자연현상이나 일상생활의 예를 통해 에너지의 형태가 전환됨을 알고, 에너지를 효율적으로 사용하는 방법을 토의할 수 있다.
수학	6-1-6. 직육면체의 부피와 겉넓이	〔6수02-04〕 직육면체와 정육면체를 알고, 구성요소와 성질을 이해한다.
		〔6수02-05〕 직육면체와 정육면체의 겨냥도와 전개도를 그릴 수 있다.
실과 (교학사)	6-1-5. 발명과 로봇	〔6실02-06〕 간단한 생활 소품을 창의적으로 제작하여 활용한다.
		〔6실05-04〕 다양한 재료를 활용하여 창의적인 제품을 구상하고 제작한다.
		〔6실05-03〕 생활 속에 적용된 발명과 문제해결의 사례를 통해 발명의 의미와 중요성을 이해한다.

🍃 환경 수업 흐름

일상생활 중 생기는 쓰레기로 장난감을 만들 수는 없을까?

버려지는 물건을 활용해 자원 새활용 골드버그 장치를 만들어봅시다.

위치 에너지에서 운동 에너지로의 변환을 알아봅시다.

매일 생기는 쓰레기, 놀이기구로 변신!

초대형 골드버그 장치

여러분, '골드버그 장치'라고 들어보신 적 있으세요?

골드버그 장치는 미국의 만화가 루브 골드버그가 그린 만화에서 비롯되었어요. 그의 만화는 램프에 붙인 불이 커튼을 태우고, 커튼이 불타자 소방관이 달려와서 물을 뿌리고, 노인이 비가 오는 줄 알고 천장에 달린 우산을 집으려 하니, 줄이 당겨지면서 지렛대가 움직여서 망치가 유리판을 깨고, 유리판이 깨지면서 강아지가 자다 깨고, 잠에서 깬 강아지가 요람을 흔들고, 요람에 연결된 효자손이 의자에 앉아 있던 사람의 등을 긁는 것 같이 사소한 일이 여러 과정을 거쳐 재밌고 놀라운 결과로 이어지게 됩니다. 이후 사람들이 실제로 이러한 연쇄 장치를 만들었는데, 이게 바로 골드버그 장치입니다.

관련 동영상: 내셔널지오그래픽 유튜브 채널, 2014.12.5.

🍃 새활용 골드버그 장치 만들기

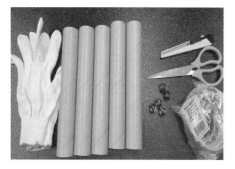

1 준비물 챙기기

2 종이상자를 자르고 정리하기

3 구슬이 굴러갈 코스를 만들기

4 페트병을 활용해 코스 만들기

5 여러 가지 장치를 연결하여 고정하기

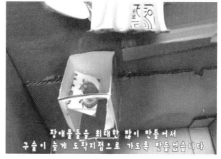

6 구슬을 굴려가며 코스를 수정하기

다양한 새활용 골드버그 장치

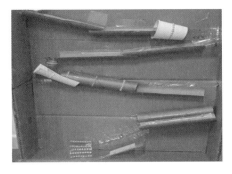

예시 1 종이상자를 지지대로 사용하기

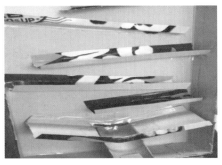

예시 2 과자상자로 길을 만들기

예시 3 다양한 코스 만들기

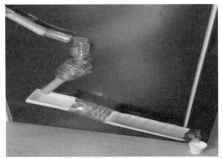

예시 4 벽면에 코스를 설치하기

예시 5 다양한 방법으로 만들기

예시 6 생각은 자유롭게!

에너지 전환 탐구하기 (6학년 2학기 과학)

다양한 형태의 에너지

-열 에너지: 물체의 온도를 높인다.
-빛 에너지: 주위를 밝게 비춘다.
-운동 에너지: 움직이는 물체가 가진다.
-위치 에너지: 높은 곳에 있는 물체가 가진다.
-전기 에너지: 전기 기구를 작동하게 한다.
-화학 에너지: 생명체의 생명 활동에 필요하다.

에너지 전환

-에너지의 형태가 바뀌는 것을 말한다.

우리 주변에서 찾을 수 있는 에너지 형태의 변화

에너지 형태: 빛 에너지, 열 에너지, 운동 에너지, 위치 에너지, 전기 에너지, 화학 에너지

폭포: 위치 에너지에서 운동 에너지로 변환된다.

펌프: 전기 에너지에서 운동 에너지로 변환된다.

전등: 전기 에너지에서 빛 에너지로 변환된다.

모터: 전기 에너지에서 운동 에너지로 변환된다.

🌿 가상공간(코스페이시스)에서 골드버그 만들기

코스페이시스 접속(edu.cospaces.io) 후
'내 코스페이스'에서 '코스페이스 만들기'를
실행하기

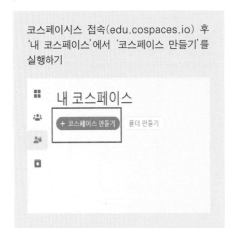

'3D 환경'을 선택하기

'라이브러리'를 선택하기

'만들기' 선택 후 '벽돌'을 선택하기

벽돌 라이브러리를 드래그하기

X축, Y축, Z축으로 회전할 수 있다.

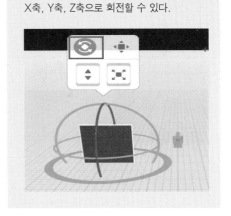

X, Y, Z축으로 이동할 수 있다.

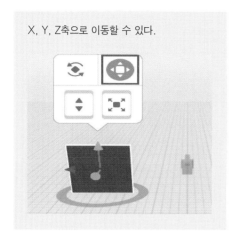

드래그하면 위아래로 움직일 수 있다.

X, Y, Z축으로 크기를 조절할 수 있다.

'플레이' 버튼을 누르면 카메라 시점에서 가상환경이 구현된다.

X, Y, Z축으로 크기를 조절할 수 있다.

각도 조절하기

벽돌 크기 조절하기

각도 조절하기

우(右) 클릭 후 '물리'를 선택하기

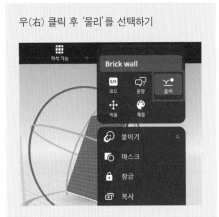

'물리'를 활성화하기

공을 배치하기

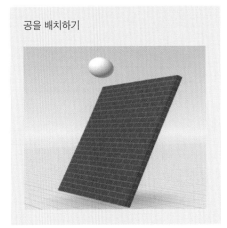

공의 물리 작용에 대비하기

벽 설치 후 물리를 활성화하기

공의 움직임을 살펴보기

공의 질량을 변화시켜보기

벽돌의 기울기를 다르게 해보기

공의 높이를 높여보기

탄력과 마찰을 변화시켜보기

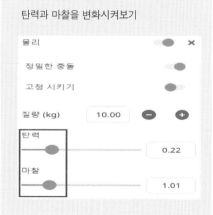

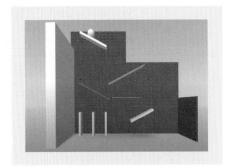

NPG
LXQ

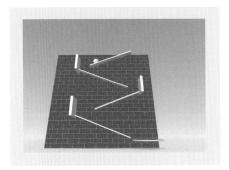

WUS
UBL

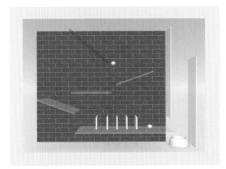

XNT
JAJ

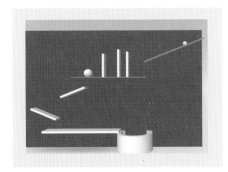

FFG
TMB

제로웨이스트 홍보물 만들기

제로웨이스트 실천을 독려하고 널리 퍼뜨리는
홍보 콘텐츠(포스터, 카드뉴스 등) 제작하기

제로웨이스트 운동 알기

🖹 제로웨이스트 홍보게시물 포스터 만들기

☐ 1단계. 제로웨이스트 홍보할 내용 정하기
☐ 2단계. 관련 자료 수집하기
☐ 3단계. 제로웨이스트 온라인 홍보자료 제작
☐ 4단계. 제로웨이스트 온라인 홍보자료 게시

> **활동 안내**
> • 제로웨이스트 홍보게시물에 사용할 자료를
>   등록해주세요.
> • 등록한 자료중 사용할 자료를 홍보게시물의 성격에 따라
>   정리해주세요.
> • 홍보게시물을 작성한 후 친구들의 의견에 코멘트를
>   달아주세요.

제로웨이스트 홍보 게시물 만들기

홍보물 예시 1

홍보물 예시 2

홍보물 예시 3

홍보물 예시 4

업사이클링 환경 수업 지도안

배움 목표	재활용품으로 골드버그 장치를 만들면서 자원순환의 필요성을 느끼고 에너지 전환에 대해 알 수 있다.	활동 시간	80분
준비 물	과자상자, 종이상자, 페트병, 빨대, 면장갑, 칼, 가위, 구슬, 투명 테이프, 풀	관련 교과	과학, 수학, 실과

흐름	활동 내용	시간	유의점
배움 열기	• 동기 유발하기 -롤러코스터 영상 보기 -재활용품 장난감 살펴보기 -오늘 공부할 내용에 관한 이야기 나누기 • 활동 주제 확인하기 -재활용품으로 골드버그 장치를 만들면서 자원순환의 필요성을 느끼고 에너지 전환에 대해 이해하기	5분	★ 학생들이 동영상 내용에 공감할 수 있도록 분위기를 조성한다.
배움 활동	• [환경감수성 UP] 매일 생기는 쓰레기, 새활용하기 -새활용에 대해 알아보기 -쓰레기를 새활용할 수 있는 방법 찾아보기 • [공작활동] 골드버그 장치 만들기 -골드버그 장치 알아보기 -새활용 골드버그 장치 만들기 • [선택활동] 가상공간 에너지 전환 장치 만들기 -가상공간(코스페이시스) 활동하기 -코스페이시스에서 에너지 전환 장치 만들기 • [선택활동] 제로웨이스트 홍보물 만들기 -제로웨이스트 홍보 게시물 제작하기 • [원리탐구] -에너지에 대해 알아보기 -에너지 전환 알아보기 -자원 재활용과 에너지 전환 살펴보기	5분 50분 (30분) 20분	★ 학생들이 평소 자신의 모습을 돌아보고 솔직하게 평가할 수 있는 시간을 준다. ★ 공작활동을 진행하며 안전교육을 한다. ★ 실제 쓸모를 생각하며 만들고 생활 속 활용 방법도 생각해보게 함으로써 일회적인 교육으로 끝나지 않도록 지도한다. ★ 제로웨이스트 홍보 게시물을 만들어 적극적으로 공유한다.
배움 정리 및 공유	• 활동 소감 나누기 -골드버그 장치 제작 소감 나누기 -가상공간 속 에너지 전환 장치 제작 소감 나누기 -선생님이 알려주는 제로웨이스트 홍보물 홍보하기	5분	★ 자원순환의 필요성을 느끼고 스스로 실천하도록 독려한다.

Tip! • 재활용품으로 골드버그 장치를 만들어 에너지 전환 장치를 만들 수 있도록 지도한다. 놀이기구를 만들며 즐거움을 느끼고, 에너지 전환이 이루어지고 있음을 몸으로 체험할 수 있도록 지도한다.
• 원리 탐구 활동을 통해 자원순환의 필요성을 느끼고 실생활에서 아나바다 활동을 실천하는 태도를 함양할 수 있도록 지도한다.

학년   반   번 이름 (   )

재활용품을 사용해 골드버그 만들기

- 버려진 물건이나 재활용 가능한 쓰레기를 사용해 무엇을 만들 수 있을까요?

- 업사이클링 골드버그 장치에 숨겨져 있는 에너지 전환을 살펴봅시다.

- 제로웨이스트 홍보물을 어떻게 공유하고, 홍보할지 계획을 세워봅시다.

4. [루페] 볼록렌즈의 원리를 활용해 업사이클링 루페 만들기

카페에서 테이크아웃해서 먹고 남은 일회용 컵으로 업사이클링 루페를 만들어보아요. 볼록렌즈의 원리도 탐구해보고, 업사이클링 루페로 다양한 것을 관찰해보아요.

업사이클링 루페로 나뭇잎을 관찰하는 학생

 준비물 :
일회용 플라스틱 컵과 뚜껑, 투명 테이프, 칼, 가위, 볼록렌즈(지름 50mm)

🍃 본 활동 관련 교육과정

과목	단원	핵심 성취 기준
과학	6-1-5. 빛과 렌즈	〔6과11-03〕 볼록렌즈를 이용하여 물체의 모습을 관찰하고 볼록렌즈의 쓰임새를 조사할 수 있다.
		〔6과11-02〕 빛이 유리나 물, 볼록렌즈를 통과하면서 굴절되는 현상을 관찰하고 그 내용을 그림으로 표현할 수 있다.
실과 (교학사)	6-1-5. 발명과 로봇	〔6실02-06〕 간단한 생활 소품을 창의적으로 제작하여 활용한다.
		〔6실05-04〕 다양한 재료를 활용하여 창의적인 제품을 구상하고 제작한다.
		〔6실05-03〕 생활 속에 적용된 발명과 문제해결의 사례를 통해 발명의 의미와 중요성을 이해한다.

🍃 환경 수업 흐름

사람들이 쉽게 사용하고 버리는 일회용 플라스틱 컵, 과연 이대로 괜찮을까?

일회용 플라스틱 컵과 볼록렌즈를 이용해서 업사이클링 루페를 만들어봅시다.

완성된 루페로 다양한 물건들을 관찰하면서 볼록렌즈의 원리를 탐구해봅시다.

일회용 컵의 과도한 사용량

테이크아웃 커피 컵 재활용 안 된다!

인천환경공단 자원회수센터에는 다양한 쓰레기들이 모입니다. 그중에는 우리가 대부분 재활용이 될 거라고 생각하는 플라스틱도 있습니다. 이 플라스틱 쓰레기는 종류가 다양하게 들어오는데, 코로나19로 그 양이 더욱 늘어났습니다. 플라스틱 포장재 중 삼각형 마크에 'Other'라고 쓰여 있는 것은 재활용이 안 되기 때문에 종량제 봉투에 버립니다. 그리고 사람들이 자주 쓰는 플라스틱 테이크아웃 컵도 재활용이 안 되기 때문에 일일이 다시 분류해서 버린다고 합니다. 결국 이러한 컵들은 소각하거나 매립하게 되는데요. 테이크아웃 플라스틱 컵을 재활용하여 새롭게 사용하는 방법은 없을까요?

관련 동영상: 스브스뉴스 유튜브 채널, 2020.12.23.

🌿 업사이클링 루페 만들기

1 일회용 컵 바닥에 볼록렌즈를 붙일 구 멍(볼록렌즈보다 조금 작게) 내기

2 볼록렌즈 붙이기

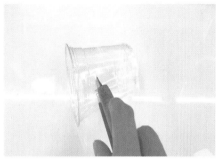

3 작은 물건을 볼록렌즈로 보며 잘 보이 는 지점 찾아 표시하기

4 표시된 지점을 따라 컵의 윗부분을 잘 라내기

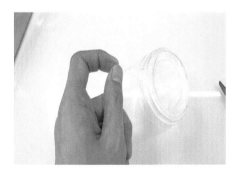

5 컵 옆면에 물건을 넣고 뺄 수 있는 입 구 만들기

6 뚜껑을 붙여 바닥 만들기

🙌 루페의 원리 탐구하기

루페(확대경)
볼록렌즈의 성질을 이용해 작은 물체를 확대해서 크고 자세하게 보여주는 물건이다.

볼록렌즈
렌즈의 양면 또는 단면이 볼록한 렌즈로 빛이 통과하면서 굴절되는 특성 때문에 물건이 크게 보이거나 거꾸로 보인다.

루페(볼록렌즈)의 원리

볼록렌즈로 물체를 보면 실제 크기보다 더 크게 보인다. 그 이유는 빛이 볼록렌즈를 통과하면서 굴절하여 우리 눈에 들어오기 때문이다. 루페는 바로 이러한 원리를 이용하여 만든 관찰 도구이다. 실제로 식물이나 작은 동물을 관찰할 때도 루페를 사용하며 보석 감정과 같은 전문 직업군에서도 루페를 사용한다.

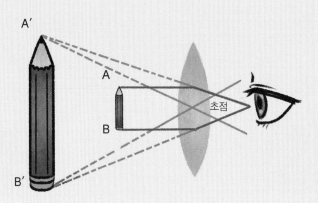

플라스틱 올바르게 버리기

화장품 용기, 칫솔, 이물질이 묻은 소스병 등은 모두 일반 쓰레기로 버리기

사용한 빨대는 선별이 어려워 일반 쓰레기로 버리지만 사용하지 않은 다량의 빨대는 재활용으로 분리배출하기

'OTHER' 표시가 있는 것은 재활용이 안 되므로 일반 쓰레기로 버리기

업사이클링 환경 수업 후기

학생 1: 플라스틱이 모두 다 재활용되는 게 아니라니, 정말 놀랐습니다.

학생 2: 테이크아웃 일회용 컵 사용을 이제라도 더 줄이고, 사용한 컵은 루페처럼 쓸모 있게 활용할 수 있는 방법을 생각해보겠습니다.

선생님: 플라스틱 문제가 심각하다는 것은 다들 알고 있지만, 플라스틱 사용을 줄이는 일에는 무관심했던 것 같아요. 이제부터라도 관심을 갖고 플라스틱 사용을 줄여봅시다. 그리고 사용한 것도 다른 용도로 다시 사용할 수 있게 여러 방법을 고민하고 생각해봐요.

참고자료 인천광역시 공식 블로그(blog.naver.com/incheontogi/222252495777).

업사이클링 환경 수업 지도안

배움 목표	업사이클링 루페를 만들어 볼록렌즈의 원리를 이해하고 루페로 다양한 사물을 관찰할 수 있다.	활동 시간	80분
준비 물	일회용 플라스틱 컵과 뚜껑, 투명 테이프, 칼, 가위, 볼록렌즈(지름 50mm)	관련 교과	과학, 실과

흐름	활동 내용	시간	유의점
배움 열기	• 동기 유발하기 -인터넷 뉴스 '2022년부터 커피-음료 일회용컵 돈 내고 쓴다'를 보고 알게 된 점과 느낀 점 이야기하기(bit.ly/2YuiHUp) -오늘 공부할 내용에 관한 이야기 나누기 • 활동 주제 확인하기 -업사이클링 루페를 만들어 볼록렌즈의 원리를 이해하고 루페로 다양한 사물을 관찰하기	5분	★ 뉴스에 대한 생각을 서로 공유하면서 일회용 컵 사용에 대한 심각성을 인식할 수 있도록 한다.
배움 활동	• [환경감수성 UP] 테이크아웃 컵의 재활용 방법 생각해보기 -'테이크아웃 커피 컵 재활용 안 된다!' 영상을 보고 플라스틱 일회용 컵의 문제점 파악하기 (youtube.com/watch?v=IFeaDOzRs4w&t=50s) -테이크아웃 일회용 컵의 재활용 아이디어 떠올리기 • [공작활동] 업사이클링 루페 만들기 -볼록렌즈의 원리를 사전에 설명하기 -원리 이해 후 볼록렌즈와 테이크아웃 일회용 컵을 사용하여 업사이클링 루페 만들기 -루페를 이용하여 여러 가지 작은 사물들 관찰하기 • [원리탐구] 볼록렌즈 원리 탐구하기 -업사이클링 루페로 사물을 자세하게 볼 수 있는 원리를 탐색하여 발견하기 -발견한 과학 원리를 학급 친구들과 공유하기	10분 50분 10분	★ 재활용 방법에 대한 다양한 의견을 허용하되 비현실적인 의견은 지양하도록 지도한다. ★ 볼록렌즈의 원리에서 루페의 원리를 유추할 수 있도록 한다.
배움 정리 및 공유	• 활동 소감 나누기 -업사이클링 루페를 만들면서 느낀 점 발표하기 -수업을 통해 새로 알게 된 점 이야기 나누기	5분	★ 업사이클링과 관련해 느낀 점을 나누도록 한다.

Tip! • 쓰레기로 버려지는 플라스틱을 실생활 속에서 다양하게 재활용할 수 있는 방안을 생각해보고 실천할 수 있도록 지도한다.
• 공작 활동을 하기 전에 원리를 설명하여 학생들이 원리 이해와 공작 활동을 연결할 수 있도록 지도한다.

학년   반   번 이름 (   )

테이크아웃 일회용 컵으로 업사이클링 루페 만들기

• 재활용되지 않는 테이크아웃 일회용 컵으로 어떤 것을 만들 수 있을까요?

• 볼록렌즈의 원리에 대해 적어보세요.

• 업사이클링 루페는 왜 물체를 크게 보이게 하는지 볼록렌즈의 원리와 연결지어 적어보세요. (그림 가능)

플라스틱 재활용 표시 종류

루페란?

볼록렌즈의 성질을 이용한 작은 물체를
확대해서 크고 자세하게 보여주는 물건

볼록렌즈(루페)의 원리

빛이 볼록렌즈를 통과하면서 굴절하여
원래의 물체(A-B)보다 더 크게(A'-B')
보인다

업사이클링 루페를 만들어보자! (1)

일회용 컵 바닥에 볼록렌즈를 붙일 곳 구멍 내기

업사이클링 루페를 만들어보자! (2)

볼록렌즈 붙이기

업사이클링 루페를 만들어보자! (3)

작은 물건을 볼록렌즈로 보며 잘 보이는 지점 찾아 표시하기

업사이클링 루페를 만들어보자! (4)

표시된 부분 잘라내기

5. [전구] 볼록렌즈와 빛의 굴절 원리를 활용해 페트병으로 만든 전구

가정에서 나오는 택배상자와 페트병을 재활용해 페트병 전구를 만들어보아요. 완성된 업사이클링 페트병 전구를 살펴보면서 볼록렌즈와 빛의 굴절 원리를 탐구할 수 있어요.

페트병을 활용하여 전구를 완성한 모습

 준비물 :
종이상자(페트병 크기에 맞는 것), 페트병, 펜, 칼, 박스 테이프, 세탁세제 또는 물엿, 스마트폰

🌿 본 활동 관련 교육과정

과목	단원	핵심 성취 기준
과학	6-1-5. 빛과 렌즈	〔6과11-03〕 볼록렌즈를 이용하여 물체의 모습을 관찰하고 볼록렌즈의 쓰임새를 조사할 수 있다.
		〔6과11-02〕 빛이 유리나 물, 볼록렌즈를 통과하면서 굴절되는 현상을 관찰하고 관찰한 내용을 그림으로 표현할 수 있다.
실과 (교학사)	6-1-5. 발명과 로봇	〔6실02-06〕 간단한 생활 소품을 창의적으로 제작하여 활용한다.
		〔6실05-04〕 다양한 재료를 활용하여 창의적인 제품을 구상하고 제작한다.
		〔6실05-03〕 생활 속에 적용된 발명과 문제해결의 사례를 통해 발명의 의미와 중요성을 이해한다.

🌿 환경 수업 흐름

가정에서 많이 나오는 종이상자와 페트병을 활용한 업사이클링 생활 도구를 만들어봅시다.

빛의 굴절과 페트병의 성질을 이용하여 페트병 전구를 만들어봅시다.

페트병과 스마트폰 사이의 거리를 달리하면서 조도계 어플을 사용하여 빛의 밝기를 비교해봅시다.

플라스틱 페트병 어떻게 활용할 수 있을까?

많은 플라스틱 쓰레기로 인해 지구가 고통을 받고 있습니다.

페트병을 줄이고 환경을 살리려면 재활용을 잘 해야 합니다.

그런데 그거 아세요? 페트병을 전구처럼 사용하는 사람도 있습니다.

단순히 쓰레기라고 생각하지 말고 자원이라고 생각해봅시다.

페트병 전구를 알아보아요

우리가 쉽게 사용하고 버리는 페트병이 중요한 자원이 되는 걸 알고 있나요?

전기 사용이 어려운 나라에서는 페트병을 이용하여 조명 역할을 하는 도구를 만들고 있습니다. 이러한 프로젝트를 '리터 오브 라이트(liter of light)'라고 하는데, 지붕 위에 구멍을 뚫어 햇빛이 건물 내부를 비추는 방식이랍니다. 전기 생산이 어려운 나라에서는 낮에도 실내가 굉장히 어두운데, 페트병 전구를 활용한다면 그 나라 어린이들도 우리처럼 마음껏 책을 보고 활동을 할 수 있지 않을까요?

분리배출을 하는 쓰레기라고만 생각했던 페트병의 놀라운 변신을 살펴보러 가볼까요?

출처: 키즈현대 유튜브 채널, 2016.9.22.

🌿 업사이클링 페트병 전구 만들기

1 준비물 챙기기

2 칼을 사용해 페트병의 바닥 모양대로 구멍 뚫기(단, 페트병 바닥 크기보다 약간 작게 뚫기, 펜 선 안쪽으로 뚫기)

3 페트병에 물을 가득 채우고 세제를 넣어서 섞기(1티스푼)

4 페트병의 뚜껑을 닫고, 종이상자에 꽂기

5 박스 테이프로 고정하기

6 상자 밖으로 나온 페트병 부분에 스마트폰 조명을 비춰주면서 상자 안을 관찰하기

볼록렌즈와 빛의 굴절 원리 탐구하기

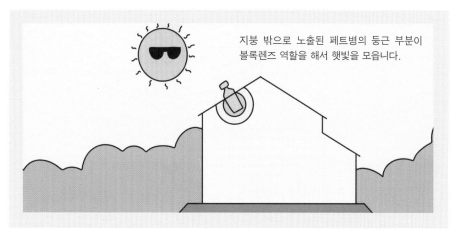

지붕 밖으로 노출된 페트병의 둥근 부분이 볼록렌즈 역할을 해서 햇빛을 모읍니다.

페트병으로 모인 빛은 페트병의 물속에서 굴절되어 병 전체가 밝아지게 됩니다.

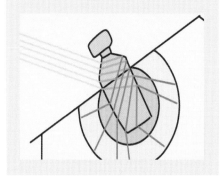

각 페트병에서 굴절된 빛의 세기는 '물엿을 넣은 페트병 〉 세제를 넣은 페트병 〉 물을 넣은 페트병 〉 빈 페트병' 순서로 밝았습니다.

674	774	827	837
빈 페트병	물 페트병	세제를 넣은 페트병	물엿을 넣은 페트병

※ 그림에서 숫자는 빛의 밝기 단위인 룩스(LUX)입니다.

일반적으로 가정집 거실 조명이 700룩스입니다. 세제를 녹인 물이 든 페트병의 빛의 밝기가 827룩스이므로 전기가 없어도 충분히 밝은 빛을 이용할 수 있습니다.

거실 조명 700lux　　세제 페트병 827lux

페트병 조명 시스템을 만드는 리터 오브 라이트(liter of light) 프로젝트는 지속가능한 적정기술로 전기가 부족한 지역의 사람들에게 힘이 되고 있습니다.

투명 페트병 분리배출 방법

무색 투명 페트병 분리배출방법

비우고
헹궈요

라벨을
제거해요

찌그러트리고
뚜껑을 닫아요

전용 수거함에
버려요

업사이클링 환경 수업 후기

학생 1: 우리가 흔히 사용하고 버리는 페트병으로 생활에서 활용할 수 있는 물건을 만들어서
보람 있었습니다.

학생 2: 우리나라도 친환경 건물을 만들어서 맑은 날에는 페트병 전구를 활용하면 좋을 것 같
습니다.

선생님: 우리 생활에는 조금만 관심을 가지면 환경보호를 실천하고 나아가 우리의 소중한 자원
으로 재활용할 수 있는 방법이 많이 있습니다. 어렵다고 생각하지 말고 여러분의 가까
운 곳부터 시작해보세요! 환경보호는 필.수. 있습니다.

참고자료 내 손안에 서울, Q&A로 알아보는 비닐 · 투명페트병 분리배출제(mediahub.seoul.go.kr/archives/1279330).

업사이클링 환경 수업 지도안

배움 목표	업사이클링 페트병 전구를 만들고 그 속에 숨겨진 볼록렌즈와 빛의 굴절 원리를 이해할 수 있다.	활동 시간	80분
준비물	종이상자(페트병 크기에 맞춰), 페트병, 세제, 칼, 박스 테이프, 필기구, 스마트폰	관련 교과	과학, 실과

흐름	활동 내용	시간	유의점
배움 열기	• 동기 유발하기 -그림 공감놀이 하기(환경에 대한 생각 알아보기) -오늘 공부할 내용에 관한 이야기 나누기 • 활동 주제 확인하기 -업사이클링 페트병 전구를 만들고 그 속에 숨겨진 볼록렌즈와 빛의 굴절 원리를 이해하기	5분	★ 그림 공감놀이를 통해 환경오염의 종류를 상기시킨다.
배움 활동	• [환경감수성 UP] Why 플라워 활동하기 -환경을 보호하기 위해서 할 수 있는 일 알아보기 -환경보호의 필요성 발표하기 • [공작활동] 업사이클링 빔 프로젝터 만들기 -볼록렌즈의 원리를 사전에 설명하기 -빛의 굴절의 원리 이해하기 -업사이클링 페트병 전구 만들기 • [원리탐구 및 적용] 페트병 전구 원리 파악 및 실생활 적용하기 -업사이클링 페트병 전구에 숨겨진 과학 원리 발견하기 -실생활에서 페트병 전구를 활용한 친환경 건물 디자인하기	10분 40분 20분	★ Why 플라워 활동으로 환경감수성을 키울 수 있다. ★ 학생 스스로가 제작하도록 한다. ★ 실생활에서의 활용 방법을 생각한다.
배움 정리 및 공유	• 활동 소감 나누기 -업사이클링 페트병 전구를 만들면서 느낀 점 발표하기 -수업을 통해 새로 알게 된 점 이야기 나누기	5분	★ 업사이클링과 관련되어 느낀 점을 나누도록 한다.

Tip! • 업사이클링 페트병 전구 공작 활동의 성공 경험을 바탕으로 가정에서 배출하는 택배상자와 페트병을 재활용하여 유용한 물건을 만들고, 쓰레기가 아닌 자원으로 활용될 수 있음을 지도한다.
  • 원리 탐구 및 적용 활동을 통해 배운 것에서 그치는 것이 아니라 실생활과 연계할 수 있도록 한다.

학년   반   번 이름 (   )

페트병 재활용의 필요성 및 방법

- 가정에서 페트병을 재활용할 수 있는 방법에 대해서 적어봅시다. (예시: 필통 등)

- 업사이클링 페트병 전구에서 페트병 뚜껑이 있는 쪽을 위로 가게 한 까닭은 무엇인가요?

- 페트병 전구를 활용할 수 있는 친환경 건물을 디자인해봅시다.

6. [전자석 자동차] 전자석 원리를 이용해 나만의 자동차 만들기

가정에서 쉽게 구할 수 있는 택배상자를 재활용해 업사이클링 전자석 자동차를 만들어보아요. 완성된 업사이클링 전자석 자동차를 조작하면서 전자석의 원리를 탐구할 수 있어요.

택배상자를 활용해서 만든 업사이클링 전자석 자동차

준비물 :
택배상자(종이 재질, 옆면 크기 30cm×30cm), 네오디움 자석(또는 볼매직, 에나멜선, 집게 전선), 칼, 자, 건전지, 자동차 바퀴, 글루건

🍃 본 활동 관련 교육과정

과목	단원	핵심 성취 기준
과학	6-2-1. 전기의 이용	[6과13-04] 전자석을 만들어 영구 자석과 전자석을 비교하고 일상생활에서 전자석이 사용되는 예를 조사할 수 있다.
수학	6-1-6. 직육면체의 부피와 겉넓이	[6수02-04] 직육면체의 겉넓이와 부피를 구할 수 있다.
실과 (천재-이춘식)	6-1-3. 똑소리 나는, 나의 생활 자원 관리	[6실03-04] 간단한 생활 소품을 창의적으로 제작하여 활용한다.
	6-1-4. 빠르고 안전하게! 나의 생활과 수송	[6실05-04] 다양한 재료를 활용하여 창의적인 제품을 구상하고 제작한다.
미술 (지학사-송미영)	6-1-1. 나에게 소중한 것들	[6미02-06] 작품 제작의 전체 과정에서 느낀 점, 알게 된 점 등을 서로 이야기한다.

🍃 환경 수업 흐름

가정에서 쉽게 구할 수 있는 택배상자를 이용해 무엇을 만들 수 있을까요?

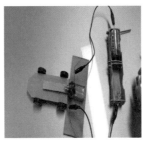

택배상자와 네오디움 자석을 이용해 전자석 자동차를 만들어봅시다.

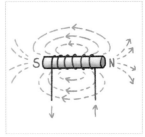

전자석 자동차를 멀리 보내기 위한 방법을 생각하며 전자석의 원리를 탐구해봅시다.

택배상자가 자동차로 트랜스포머!

폐지 대란!

폐지의 중국 수출 길이 막혀서
재활용을 위한 수거가 원활하지 않아
큰일이라고 해요. 이거 어떻게 하죠?

OOO뉴스 아나운서

폐지 대란!

트럭 열 대 분량 받아주다가 점점 악화돼서
일곱 대 받아주고, 그다음 다섯 대 받아주다가
이젠 아예 안 받아준다니까요.

재활용 폐기물 수거업체 관계자

폐지 대란!

걱정이죠.
이거 안 가져가면…
비 오면 비도 맞아야 하고,
아파트 환경 관리상 좋지 않고….

아파트 관리사무소 관계자

폐지 대란!

이러한 문제점을 해결할 수 있는
좋은 방법이 어디 없을까?
너희가 도와줄 수 있겠니?

선생님

그림 출처: 미리캔버스

폐지를 받지 않겠다고?!

서울, 경기 등 수도권 65곳의 공동주택(아파트)에서 폐지 수거를 거부하는 일이
일어났습니다. 폐지는 재활용돼서 다시 새 종이로 탄생해야 하는데 갑자기 무슨 일일까요?
지금까지는 업체가 폐지를 분류해서 중국을 비롯해 해외에 수출했는데 중국이 수입을 전면 금
지하면서 폐지 가격이 하락합니다. 폐지가 갈 곳이 사라져서입니다. 이를 해결할 방법은 바로
품질 높은 재활용 폐지를 만드는 것입니다. 이를 위한 첫 단추는 종이 분리배출!
첫째, '끼리끼리'. 택배상자 같은 골판지는 골판지끼리, 신문지는 신문지끼리, 종이상자는 종
이상자끼리 분류합니다.
둘째, '오염된 종이는 NO'. 오염된 종이나 영수증, 코팅된 종이는 종량제 봉투에 버립니다.
셋째, '이물질 종이는 NO'. 스티커, 테이프, 스프링, 스테이플러 등의 이물질은 모두 제거해서
분리배출합니다.

관련 동영상: 환경부 유튜브 채널, 2020.5.7.

🌿 업사이클링 전자석 자동차 만들기

1 주재료가 되는 택배상자를 잘라 종이 판지 준비하기

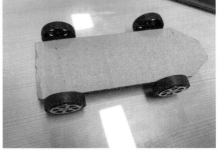

2 종이 판지를 사용해 자동차 제작하기

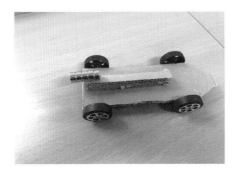

3 자동차에 자석 부착하기

4 볼매직을 이용해 에나멜선 감기

5 글루건, 건전지, 집게 전선을 이용해 발사대 만들기

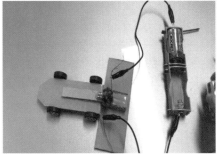

6 자동차를 발사대에 맞추고 건전지를 끼우면, 전자석 자동차 완성!

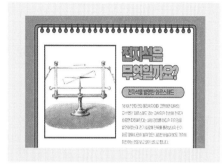

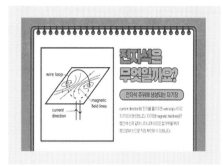

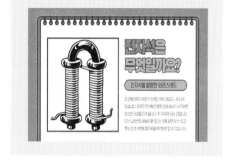

선생님이 알려주는 환경 TIP

종이상자 분리배출 방법

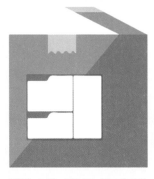

종이상자 속 이물질 제거하기   택배 송장, 테이프 등 제거하   납작하게 펼쳐서 분리배출하
기   기

 업사이클링 환경 수업 후기

학생 1: 이렇게 가다가는 종이도 재활용할 수 없는 날이 오게 될 것 같아요.

학생 2: 업사이클링의 중요성을 다시 한 번 느끼게 됐어요.

선생님: 우리가 지금 이 순간부터 자원 재활용을 실천해나가야 지구를 보호할 수 있습니다.
이제 환경교육은 선택이 아니라 필수입니다.

참고자료 환경부 유튜브 채널, 올바른 분리배출을 위한 기본상식 4가지, 2018.5.29.

업사이클링 환경 수업 지도안

배움 목표	업사이클링 전자석 자동차 만들기를 통해 전자석의 원리를 이해할 수 있다.	활동 시간	80분
준비물	택배상자(종이 재질, 옆면 크기 30cm×30cm), 네오디움 자석(또는 볼매직, 에나멜선, 집게 전선), 칼, 자, 건전지, 자동차 바퀴, 글루건	관련 교과	과학, 수학, 실과, 미술

흐름	활동 내용	시간	유의점
배움 열기	• 동기 유발하기 -환경부의 '폐지 대란' 영상 시청하기 (youtube.com/watch?v=UutiboQ0HZg) -오늘 공부할 내용에 관한 이야기 나누기 1. 영상에 나타난 문제는 무엇인가요? 2. 영상에 나타난 문제를 해결할 수 있는 방법에는 어떤 것들이 있을까요? • 활동 주제 확인하기 -업사이클링 전자석 자동차 만들기를 통해 전자석의 원리를 이해하고 습득하기	5분	★ 학생들이 폐지 대란에 대한 경각심을 갖도록 지도한다. ★ 폐지 문제를 해결할 수 있는 다양한 방법을 도출하도록 한다.
배움 활동	• [환경감수성 UP] 택배상자 재활용의 필요성 및 방법 알기 -가정에서 택배상자를 재활용할 수 있는 방법 발표하기 • [공작활동] 업사이클링 전자석 자동차 만들기 -전자석의 원리를 사전에 설명하기 -원리 이해를 바탕으로 택배상자를 이용해 업사이클링 전자석 자동차 만들기 • [원리탐구] 전자석의 원리 탐구하기 -전자석 자동차에 숨겨진 과학 원리 발견하기 -전자석 자동차를 더 멀리 보내려면 어떻게 할 수 있을지 모둠별로 토의하기 -토의 결과를 바탕으로 전자석 자동차의 이동 거리 측정하기	7분 50분 13분	★ 실생활에서 택배 등으로 상자가 많이 배출되는 현실을 인지한다. ★ 전자석의 원리 탐구 후 자동차 만들기를 실시한다. ★ 전자석 자동차를 멀리 보내기 위한 다양한 방법을 도출하도록 한다.
배움 정리 및 공유	• 활동 소감 나누기 -전자석 자동차를 만들면서 느낀 점 발표하기 -전자석 자동차를 만들고 전자석의 원리를 배우며 새로 알게 된 점이나 더 배우고 싶은 점 이야기 나누기	5분	★ 전자석 자동차를 만들면서 업사이클링의 중요성을 느끼도록 한다.

Tip! • 가정에서 쉽게 구할 수 있는 택배상자를 활용하면서 업사이클링에 대한 중요성과 전자석의 원리를 이해하는 데 집중할 수 있도록 지도한다.
• 공작 활동을 하기 전에 원리를 설명하여 학생들이 원리와 공작 활동을 연결지을 수 있도록 지도한다.

학년   반   번 이름 (   )

폐지 대란의 문제점과 해결 방법

- '폐지 대란'에 대한 영상을 시청하고, 영상에 나타난 문제는 무엇인지 써봅시다.

- 영상에 나타난 문제를 해결하기 위한 방법에는 어떤 것들이 있는지 써봅시다.

- 전자석 자동차 발사대를 만들 때 코일을 감는 이유는 무엇인가요?

- 완성된 업사이클링 전자석 자동차를 조작하면서 더 멀리 이동하게 하기 위한 방법을 찾아 적어봅시다.

업싸이클링(STEAM)

[빈박스의 트랜스포머]
업싸이클링
전자석 자동차 만들기

업싸이클링(STEAM)

■ 자동차의 몸체 제작

■ 그림과 같이
자동차의 앞/뒤를
구분하기 위해
모퉁이를 잘라줍니다.

업싸이클링(STEAM)

■ 자동차의 앞 바퀴도
20mm간격에 끼웁니다.

■ 바퀴를 다 끼운 후
잘 굴러갈 수 있도록
바퀴 간격을 조정합니다.

업싸이클링(STEAM)

■ 글루건을 이용하여
네오디움 자석을
차량 지지대
끝쪽에 붙입니다.

■ 최대한 끝 쪽에 붙이되
차량 무게중심이
흔들리지 않도록 합니다.

업싸이클링(STEAM)

■ 둥근 형태가 유지될 수
있도록
펜에 감긴 상태에서
글루건으로
고정시킵니다.
*단, 밑 부분은 나중에
붙여야하므로 글루건으로
붙이지 않습니다.

업싸이클링(STEAM)

■ 코일 지지대를 만듭니다.

■ 가로 10mm, 세로 45mm
직사각형 세 개를 만들고
그림과 같이
글루건을 이용해
붙입니다.

업싸이클링(STEAM)

■ 그림과 같이
자동차가 판자에
밀착될 수 있도록
간격을 조정합니다.

■ 자동차의 높이가
맞지 않는다면 지지대를
하나 더 추가합니다.

업싸이클링(STEAM)

■ 자동차의 자석 부분을
알맞게 넣어
얼만큼 멀리 가는지
측정합니다.

■ 스위치를 이용하면
더 편리하게
할 수 있습니다.

7. [드로잉봇] 전기 에너지의 원리를 활용해 드로잉봇 만들기

일상생활에서 생기는 일회용 플라스틱 컵을 재활용해 움직이며 그림을 그려 주는 업사이클링 드로잉봇을 만들어보아요.
완성된 업사이클링 드로잉봇을 조작하면서 드로잉봇의 움직임의 원리를 탐구할 수 있어요.

업사이클링 드로잉봇이 원을 그리는 모습

 준비물 :
일회용 플라스틱 컵, 양면 폼테이프, 사인펜 3개, 전동기 모터 1개, 절연 테이프 1개, AA 건전지 2개, AA 커버 스위치 홀더 2구, 3엽 프로펠러 1개

🍃 본 활동 관련 교육과정

과목	단원	핵심 성취 기준
과학	6-2-1. 전기의 이용	〔6과13-01〕 전지와 전구, 전선을 연결하여 전구에 불이 켜지는 조건을 찾아 설명할 수 있다.
		〔6과13-03〕 전기를 절약하고 안전하게 사용하는 방법을 토의할 수 있다.
	6-2-5. 에너지와 생활	〔6과17-02〕 생물이 살아가거나 기계를 움직이는 데 에너지가 필요함을 알고, 이때 이용하는 에너지의 형태를 조사할 수 있다.
실과 (교학사)	6-5-3. 로봇의 기능과 구조	〔6실05-06〕 생활 속에서 로봇 활용 사례를 통해 작동 원리와 활용 분야를 이해한다.
수학	2-1-2. 여러 가지 도형	〔2수02-04〕 삼각형, 사각형, 원을 직관적으로 이해하고, 그 모양을 그릴 수 있다.

🍃 환경 수업 흐름

일상생활에서 많이 생기는 일회용 플라스틱 컵을 재활용하는 방법을 생각해볼까요?

일회용 플라스틱 컵을 재활용하여 업사이클링 드로잉봇을 만들어봅시다.

업사이클링 드로잉봇을 조작해보며 움직임의 원리를 탐구해봅시다. (전기 회로, 에너지 전환 등)

일회용 플라스틱 컵에 새 생명을!

우리가 편하게 사용하는
일회용 플라스틱 컵

재활용한다 한들
그 비율은 고작
14%입니다.

고민… 고민… 고민…

더 유익하게
재활용할 방법은
없을까?

좋았어! 친구들과 생각을
모아 일회용 플라스틱 컵에
새 생명을 불어넣어 보자.

플라스틱 쓰레기, 어디로 가는가?

전 세계에서 생산된 플라스틱 약 3억 톤(2013년)이고, 이 가운데 재활용이 되는 플라스틱은 단 14%에 불과합니다. 나머지는 소각 또는 매립되거나 바람 따라 물길 따라 바다로 흘러갑니다. 바다로 흘러 들어간 플라스틱 쓰레기가 매년 약 800만 톤입니다. 그리고 이 중 다시 해수면으로 떠올라 발견되는 플라스틱 쓰레기는 전체 유입량의 0.5% 정도입니다. 그러면 나머지 99.5%는 어디로 갔을까요? 여러 가설이 있는데, 어패류와 플랑크톤 및 식용 소금에서 미세플라스틱이 발견된다고도 해요. 마치 오염물질을 끌어당기는 자석처럼 미세플라스틱이 먹이사슬 안에서 결국 인간에게 돌아오고 있어요.

관련 동영상: EBS 지식채널e, 나의 종착지는 어디인가요, 2020.4.15. / 로지 그레이스rosygrace 유튜브 채널, 2018.12.26.

📎 업사이클링 드로잉봇 만들기

플라스틱 컵에 구멍 뚫기(커터칼)

* 주의: 칼 사용시, 다치지 않도록 조심하기

건전지 끼우개에
건전지 끼우기
(+,-방향 주의하기)

전기절연테이프로
건전지끼우개 감아주기
(로봇 진동시, 분리 방지)

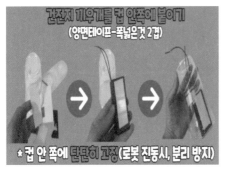

건전지 끼우개를 컵 안쪽에 붙이기
(양면테이프-폭넓은것 2겹)

* 컵 안 쪽에 탄탄히 고정 (로봇 진동시, 분리 방지)

전선을 모터에 연결하기

*전선 피복
벗기기

*여러가닥
구리선을
한줄로
모아주기

*구리선을
모터에
연결
하기

*전기절연테이프로
감아주기
(반으로 잘라서)

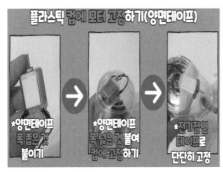

플라스틱 컵에 모터 고정 하기(양면테이프)

*양면테이프
폭 좁은 것
붙이기

*양면테이프
폭 넓은 것 붙여
컵에 고정 하기

*전기절연
테이프로
단단히 고정

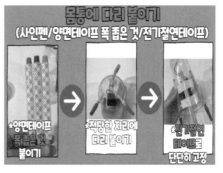

몸통에 다리 붙이기
(사인펜/양면테이프 폭 좁은 것/전기절연테이프)

*양면테이프
폭 좁은 것
붙이기

*적당한 자리에
다리 붙이기

*전기절연
테이프로
단단히 고정

프로펠러에 물건 붙이기
(면봉 반 개/면봉 1개/클립)-선택

*면봉 1개

*면봉 반 개

*클립

예쁘게 꾸미기

* 양면테이프로 그림을
플라스틱 컵에
붙이기

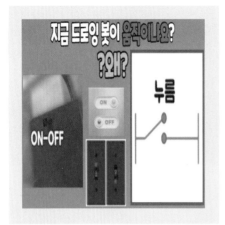

다양한 형태의 에너지

열에너지	물체의 온도를 높임
전기 에너지	전기 기구를 작동하게 함
빛에너지	주위를 밝게 비춤
화학 에너지	생물의 생명 활동에 필요
운동 에너지	움직이는 물체가 가짐
위치 에너지	높은 곳에 있는 물체가 가짐

플라스틱 사용을 줄여요!

커피숍에 갈 때 텀블러 챙기기(커피 값을 할인해주는 곳도 있어요!)

장 볼 때 일회용 비닐봉지 대신 에코백 가져가기

일회용 빨대 대신 다회용 빨대 사용하기

업사이클링 환경 수업 후기

학생 1: 분리배출하는 모든 플라스틱이 재활용되는 줄 알았는데, 실제 재활용 비율이 너무 낮아서 놀랐어요.

학생 2: 맞아요. 재활용을 생각하기 전에 먼저 일회용 플라스틱 제품을 덜 사용하도록 노력하겠습니다.

학생 3: 선풍기처럼 움직이지 않을 것 같은 드로잉봇이 움직여서 신기했어요. 동생이랑 다시 만들어서 드로잉봇으로 그린 그림에 이야기를 붙여볼 거예요!

선생님: 우리는 녹색별 지구의 일원으로 살아갑니다.

1. 플라스틱 등 일회용품의 사용을 줄이고,

2. 사용했다면, Recyciling(재활용)을 잊지 말고,

3. 한발 더 나아가 Upcycling(자원새활용)할 수 있는 방법들을 생각하고 실천한다면

깨끗한 지구에서 건강하게 살아갈 수 있을 거예요!

업사이클링 환경 수업 지도안

흐름	활동 내용	시간	유의점
배움 목표	업사이클링 드로잉봇을 만들고 조작 활동을 하면서 드로잉봇의 움직임의 원리를 이해하고, 새활용 의지를 배양하며 생활에서 실천할 수 있다.	활동 시간	80분
준비 물	일회용 플라스틱 컵, 양면 폼테이프, 사인펜 3개, 전동기 모터, 절연테이프, AA 건전지 2개, AA 커버 스위치 홀더 2구, 3엽 프로펠러	관련 교과	과학, 수학, 실과
흐름	활동 내용	시간	유의점
배움 열기	• 동기 유발하기 -플라스틱 쓰레기의 심각성에 대한 영상 시청하기 (youtube.com/watch?v=QbBM-v0EC8Y) (youtube.com/watch?v=8ctValeR-gA) -오늘 공부할 내용에 관한 이야기 나누기 • 활동 주제 확인하기 -업사이클링 드로잉봇을 만들고 조작 활동을 하면서 드로잉봇의 움직임의 원리를 이해하고, 새활용 의지를 배양하며 생활에서 실천하기	10분	★ 학생들이 진지하게 동영상을 시청하고 공감할 수 있는 분위기를 조성한다.
배움 활동	• [환경감수성 UP] 일회용 플라스틱 컵의 재활용의 필요성 및 방법 알기 -플라스틱 쓰레기가 재활용되지 않는 심각성을 알아보고 재활용하려는 마음 가지기 -일회용 플라스틱 컵을 재활용 또는 새활용할 수 있는 방법을 생각해보고 생각 공유하기 • [공작활동] 업사이클링 드로잉봇 만들기 -일회용 플라스틱 컵을 사용해 업사이클링 드로잉봇 만들기 • [원리탐구] 드로잉봇의 움직임의 원리 탐구하기 -업사이클링 드로잉봇에 숨겨진 과학 원리 발견하기 1. 전기가 흐르는 조건: 전기 회로, 2. 다양한 형태의 에너지와 에너지의 전환, 3. 드로잉봇을 움직이는 원심력 -발견한 과학 원리를 친구들과 공유하기	7분 45분 13분	★ 앞서 시청한 영상의 내용을 떠올리고, 그것이 우리 생활에 어떤 영향을 미칠 수 있는지 생각을 공유하게 한다. ★ 사전 안전교육을 진행하여 안전한 공작 활동이 되게 한다. ★ 학생 스스로 과학 원리를 발견하도록 시기적절하게 팁을 제시한다.
배움 정리 및 공유	• 활동 소감 나누기 -업사이클링 드로잉봇을 만들면서 느낀 점 발표하기 -업사이클링 드로잉봇 수업에서 새로 알게 된 점 이야기하기 -실생활 속에서 플라스틱 쓰레기를 줄이려는 마음 가지기	5분	★ 일회성 교육에 그치지 말고 생활에서 지속적으로 실천할 수 있도록 지도한다.

Tip! • 업사이클링 드로잉봇 공작 활동을 통해 자원 재활용 및 새활용에 관심을 갖고, 가정에서 배출하는 재활용 가능한 재료로 실생활에서 사용하는 물건을 직접 제작할 수 있다는 자신감을 가질 수 있도록 지도한다.
• 공작 활동과 더불어 원리 탐구 활동을 함으로써 과학 원리를 스스로 발견할 수 있도록 지도한다.

학년   반   번 이름 (   )

일회용 플라스틱 재활용하기

- 일회용 플라스틱을 재활용해야 하는 이유와 실생활에서 재활용할 수 있는 방법을 적어봅시다.

- 업사이클링 드로잉봇을 조작하면서 발견한 과학 원리를 적어봅시다.

- 업사이클링 드로잉봇을 원하는 방향으로 가게 하여 원하는 그림을 그릴 수 있을까요? 있다면, 그 방법을 생각해서 적어보세요.

80분 | 난이도 중

8. [투석기] 지렛대 원리를 활용해 투석기 만들기

가정에서 배출되는 일회용 나무젓가락, 플라스틱 숟가락, 우유갑 등을 재활용해 다양한 모양 투석기를 만들어보아요. 완성된 투석기를 조작하면서 지레의 원리를 탐구할 수 있어요.

다양한 투석기와 목표물을 향해 공을 날리는 모습

 준비물 :
나무젓가락 10벌, 일회용 숟가락, 우유갑(500㎖) 1개, 노란 고무줄 1묶음

🌿 본 활동 관련 교육과정

과목	단원	핵심 성취 기준
수학 (아이스 크림)	3-1-5. 길이와 시간	[4수03-04] 1cm와 1mm, 1km와 1m의 관계를 이해하고, 길이를 단명수와 복명수로 표현할 수 있다.
	3-2-5. 들이와 무게	[4수03-09] 1kg과 1g의 관계를 이해하고, 무게를 단명수와 복명수로 표현할 수 있다.
과학	5-2-4. 물체의 운동	[6과07-02] 물체의 이동 거리와 걸린 시간을 조사하여 속력을 구할 수 있다.
		[6과07-01] 일상생활에서 물체의 운동을 관찰하여 속력을 정성적으로 비교할 수 있다.
실과 (천재)	6-1-5. 쉽게 배우는 소프트웨어와 프로그래밍	[6실04-08] 절차적 사고에 의한 문제해결의 순서를 생각하고 적용한다.
	6-1-6. 재미있는 발명과 로봇의 세계	[6실02-06] 간단한 생활 소품을 창의적으로 제작한다.
		[6실05-04] 다양한 재료를 활용하여 창의적인 제품을 구상하고 제작한다.
		[6실05-03] 생활 속에 적용된 발명과 문제해결의 사례를 통해 발명의 의미와 중요성을 이해한다.

🌿 환경 수업 흐름

배달 음식 주문으로 많이 생기는 나무젓가락을 어떻게 재활용해볼까요?

나무젓가락과 일회용 수저를 이용해서 업사이클링 투석기를 만들어봅시다.

투석기로 스펀지솜 등을 날려보며 지레의 원리를 탐구해봅시다.

쓰레기도 줄이고, 놀이도 하고!

배달로 맛있게 음식을 먹었네. 빠르고 편해서 좋아!

그런데 식사 때는 몰랐는데, 사용한 나무젓가락은 어떡하지?

환경보호도 할 겸 나무젓가락을 재활용해서 뭘 좀 만들 수 없을까?

맞다! 그게 있었지. 쓰레기도 줄이고 놀이도 할 수 있을 거야.

요즘 사람들이 택배를 더 많이 이용해요!

요즘 사람들이 택배를 정말 많이 이용하는데, 이유가 뭘까요?

첫째, 가정에서 일회용품 사용 증가함 / 둘째, 쓰레기 배출량 증가로 처리의 어려움 / 셋째, 재활용 업체가 플라스틱, 폐비닐, 스티로폼 등이 너무 많아 처리 못하고 쌓아두었다가 영업 정지를 당하기도 함 / 넷째, 택배와 배달이 늘면서 아이스팩 등의 일회용품 사용량 급증함 / 다섯째, 코로나19 이후 배달 증가로 플라스틱 용기는 이전보다 2배나 증가함

이에 따라 정부에서는 일회용품 제한 정책을 검토 중에 있다고 합니다.

그럼 우리가 일회용품 사용을 줄이고 재활용할 수 있는 방법은 없을까요? 함께 생각해보아요.

관련 동영상: MBC 뉴스 유튜브 채널, 2021.3.16.

🍃 삼각받침대 투석기 만들기

1 나무젓가락 2벌을 삼각형 모양으로 놓기

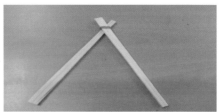

2 고무줄로 나무젓가락을 묶기

3 다른 나무젓가락 1벌을 사진과 같이 놓기

4 나무젓가락의 왼쪽 끝 1.5cm 길이에서 고무줄로 묶기

5 나무젓가락 1벌을 사진과 같이 끼워넣기

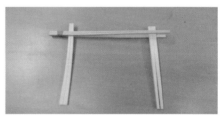

6 나무젓가락 1벌을 사진과 같이 5의 과정과 반대로 끼워넣기

7 연결된 모습 확인하기

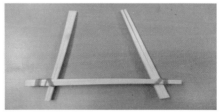

8 고무줄을 대각선으로 묶기

9 삼각형 모양으로 만들기

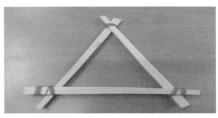

10 고무줄로 묶기

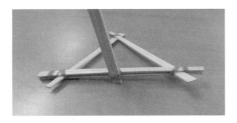

11 나무젓가락 1벌을 삼각형의 한 면의 가운데에 세운 후 사진과 같이 묶기

12 가운데 나무젓가락의 위쪽을 사진과 같이 고무줄을 2겹으로 걸치기

13 사진 2의 나무젓가락을 위와 같이 세워서 고무줄로 연결하기

14 숟가락을 묶으면, 투석기 완성!

15 다양한 투석기 모습

16 다양한 투석기 모습

1. 지렛대의 원리

–지레는 '막대의 한 점을 받치고 다른 한쪽에 힘을 주어 물체를 움직이게 하는 장치'입니다.
–아래 그림에서 A의 무게와 받침점에서 A까지의 거리의 곱은 B의 무게(또는 B에 작용하는 힘)와
받침점에서 B까지의 거리의 곱과 같습니다. 따라서 아주 무거운 물체라도 받침점에 최대한 가까운
곳에 놓은 다음 지레를 길게 만들면 거의 0의 힘으로 들어 올릴 수 있습니다.

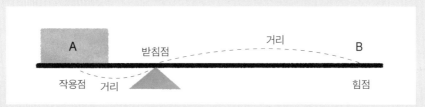

–지레는 받침점, 작용점, 힘점의 위치에 따라 다음과 같이 3가지 종류가 있습니다.

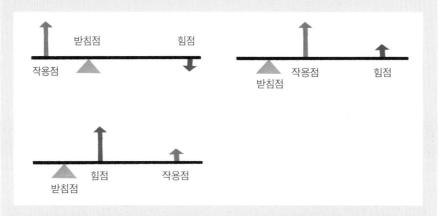

2. 지렛대의 원리가 적용된 투석기

투석기는 큰 돌을 성이나 적진으로 쏘아 던지는 전쟁 무기입니다. 무거운 물체를 멀리 던져서 성벽을
부수거나 성벽 너머로 물건을 던져 넣는 용도로 사용되었습니다. 아시아에서는 기원전 4~5세기 중
국 춘추전국시대부터 지레의 원리를 이용한 투석기를 사용하였고, 유럽에서는 고대 그리스에서 탄성
이 있는 밧줄이나 사람의 머리카락을 사용해 투석기를 만들었다고 합니다.

시소 투석기 관련 영상

탄성체 투석기 관련 영상

선생님이 알려주는 환경 TIP

현대사회에서 빠른 속도로 증가하고 있는 생활 쓰레기
어떻게 하면 쓰레기를 줄일 수 있을까요?

최근 자원순환을 위한 환경운동의 하나로 '5R 운동'이 주목받고 있습니다. 5R 운동에 대해 알아보아요. 그리고 우리 모두가 실천할 수 있는 환경운동 '비행분섞', 함께 알아봅시다.

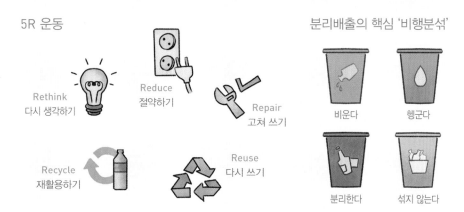

5R 운동

Rethink 다시 생각하기
Reduce 절약하기
Repair 고쳐 쓰기
Recycle 재활용하기
Reuse 다시 쓰기

분리배출의 핵심 '비행분섞'

비운다 헹군다
분리한다 섞지 않는다

업사이클링 환경 수업 후기

학생 1: 나무젓가락으로 과학의 원리를 활용하여 물건을 만드는 방법을 알게 되어서 재미있었습니다.

학생 2: 우리가 사용한 물건을 버리지 않고 재활용할 수 있는 것들에 대해 관심이 생겼습니다.

선생님: 코로나19 이후 배달 증가 및 여러 요인들로 쓰레기가 늘어가고 있다고 합니다.

이제 환경보호 습관은 선택이 아닌 필수가 되었습니다. 우리가 사용한 물건들을 바로 버리지 말고 다양하게 재활용하는 방법을 찾아 실천하면, 여러분이 바로 환경지킴이! 우리 모두가 함께 기후위기 속에서 환경을 보호할 수 있을 거예요!

참고자료 재활용품 분리배출 가이드라인, 환경부(2018) / Discovery UK 유튜브 채널, Trebuchet Siege Artillery - Battle Castle with Dan Snow, 2012.10.11. / Discovery UK 유튜브 채널, Mangonel Siege Artillery - Battle Castle with Dan Snow, 2012.10.11.

업사이클링 환경 수업 지도안

배움목표	업사이클링 투석기를 만들고 그 속에 숨겨진 지레의 원리를 이해할 수 있다.	활동시간	80분
준비물	나무젓가락 10벌, 노란 고무줄 1묶음, 일회용 숟가락, 우유갑 (500ml) 1개	관련교과	과학, 실과

흐름	활동 내용	시간	유의점
배움열기	• 동기 유발하기 -투석기 관련 동영상 시청하기 (시소 투석기 youtube.com/ watch?v=pR26RMI9T8c) (탄성체 투석기 youtube.com/watch?v=yi4p8ZR4n28) -공부할 내용에 관한 이야기 나누기 • 활동 주제 확인하기 -업사이클링 투석기를 만들고 그 속에 숨겨진 지레의 원리를 이해하기	10분	★ 학생들의 다양한 반응이 나오도록 유도한다.
배움활동	• [환경감수성 UP] 일회용 재활용의 필요성 및 방법 알기 -가정에서 일회용품을 재활용할 수 있는 방법 발표하기 -사전 과제 제시 후 학생이 조사한 내용 발표하기 • [공작활동] 업사이클링 투석기 만들기 -지레의 원리를 사전에 설명하기 -원리 이해 후 나무젓가락, 플라스틱 숟가락을 이용하여 투석기 만들기 • [원리탐구] 지레의 원리 탐구하기 -업사이클링 투석기에 숨겨진 과학 원리 발견하기 -발견한 과학 원리를 친구들 앞에서 발표하기	7분 50분 13분	★ 학생들이 가정에서 경험한 내용을 통계화하여 표로 작성해서 발표하도록 한다. ★ 생활 속 물건들에 숨겨진 과학 원리를 찾아 탐구하고 관련 공작활동을 할 수 있도록 안내한다.
배움정리 및 공유	• 활동 소감 나누기 -업사이클링 투석기를 만들면서 느낀 점 발표하기 -투석기에 숨겨진 지레의 원리를 듣고 새로 알게 된 점에 대해 이야기 나누기	5분	★ 학생들이 버려진 물건들을 활용하여 창의적이고 과학적인 물건을 만들 수 있도록 안내한다.

Tip!
• 업사이클링 투석기 공작 활동의 성공 경험을 바탕으로 가정에서 배출하는 일회용품을 재활용하여 우리 생활에 유용한 물건을 얼마든지 만들 수 있다는 자신감을 가지도록 지도한다.
• 공작 활동을 하기 전에 원리를 설명하여 학생들이 과학 원리와 공작 활동을 연결할 수 있도록 지도한다.

학년   반   번 이름 (   )

일회용 나무젓가락과 숟가락 재활용하기

- 일회용 나무젓가락과 숟가락을 가정에서 재활용할 수 있는 방법에 대해 적어봅시다.

- 업사이클링 투석기를 통해 물체를 쏘아 던질 때 물체의 종류에 따라 날아가는 거리가 다른 이유를 적어봅시다.

- 완성된 업사이클링 투석기를 조작하면서 발견한 지렛대의 원리를 적어봅시다.

A의 무게 × 받침점에서 A까지의 거리 =
B의 무게(B에 작용하는 힘) × 받침점에서 B
까지의 거리

받침점, 작용점, 힘점의 위치에 따라 3종류의
지레가 있음

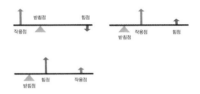

완성된 투석기 예시 1

완성된 투석기 예시 2

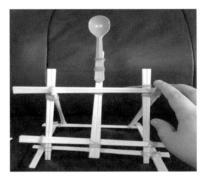

완성된 투석기 예시 3

투석기로 다양한 물체 쏘아 던지기

9. [빔 프로젝터] 빛과 렌즈의 원리를 활용한 빔 프로젝터

가정에서 나오는 택배상자를 활용해 업사이클링 빔 프로젝터를 만들어보아요. 완성된 업사이클링 빔 프로젝터를 조작하면서 볼록렌즈의 원리를 탐구할 수 있어요.

업사이클링 빔 프로젝터로 하얀색 면에 영상을 투사하는 모습

 준비물 :
종이상자(30cm×20cm×25cm, 빔 프로젝터 몸통), 종이 판지(20cm×20cm, 거치대 제작용), 글루건, 칼, 30cm 자, 컴퍼스, 연필, 볼록렌즈(지름 7.5cm), 스마트폰

🍃 본 활동 관련 교육과정

과목	단원	핵심 성취 기준
과학	6-1-5. 빛과 렌즈	〔6과11-03〕볼록렌즈를 이용하여 물체의 모습을 관찰하고 볼록렌즈의 쓰임새를 조사할 수 있다.
		〔6과11-02〕빛이 유리나 물, 볼록렌즈를 통과하면서 굴절되는 현상을 관찰하고 관찰한 내용을 그림으로 표현할 수 있다.
수학	6-1-6. 직육면체의 부피와 겉넓이	〔6수02-04〕직육면체와 정육면체를 알고, 구성 요소와 성질을 이해한다.
		〔6수02-05〕직육면체와 정육면체의 겨냥도와 전개도를 그릴 수 있다.
실과 (교학사)	6-1-5. 발명과 로봇	〔6실02-06〕간단한 생활 소품을 창의적으로 제작하여 활용한다.
		〔6실05-04〕다양한 재료를 활용하여 창의적인 제품을 구상하고 제작한다.
		〔6실05-03〕생활 속에 적용된 발명과 문제해결의 사례를 통해 발명의 의미와 중요성을 이해한다.

🍃 환경 수업 흐름

가정에서 많이 나오는 택배상자를 어떻게 재활용해볼까요?

택배상자와 볼록렌즈를 이용해서 업사이클링 빔 프로젝터를 만들어봅시다.

볼록렌즈를 이리저리 움직여가며 볼록렌즈의 원리를 탐구해봅시다.

환경 감수성 UP

쌓여가는 택배상자, 재활용 방법은?

> 인터넷으로 택배를 시키고 있는데, 택배상자 때문에 굉장히 고민돼요.

> 코로나 때문에 외출은 거의 안 하고 있습니다.

> 코로나로 인해 쌓여가는 택배상자들

> 이제 택배상자, 버리지 말고 재활용합시다.

16억 개 택배상자와 우리의 일상

요즈음 우리는 택배를 더 많이 이용하고 있습니다. 지난해 택배회사가 배달한 택배만 16억 상자가 넘는다고 합니다. 코로나19로 집에서 생활하며 비대면 배달을 시키는 일이 많아지면서 택배가 급증했다고 합니다. 2020년에 우리나라 사람들이 사용한 택배상자들로 줄을 세우면 지구 14바퀴를 돌 수 있고, 높이 쌓으면 에베레스트산의 6만 배 높이라고 합니다. 우리는 이런 상황에서 환경을 위해 어떤 일을 할 수 있을까요?

관련 동영상: JTBC News 유튜브 채널. 2021.4.29.

🍃 업사이클링 빔 프로젝터 만들기 (이 책 249쪽 참고)

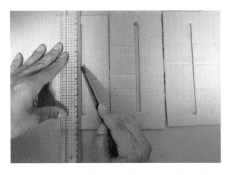

1 종이 판지 3개에 스마트폰 거치할 홈 만들기

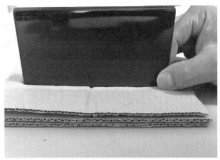

2 종이 판지를 겹쳐서 만든 거치대에 스마트폰 거치하기

3 종이상자 속에서 스마트폰 거치대 위치를 앞뒤로 조절 가능한지 확인하기

4 종이상자 한쪽 면 하단에 볼록렌즈 모양과 크기대로 구멍 내기

5 구멍 부분에 글루건으로 볼록렌즈 부착하기

6 스마트폰을 거꾸로 놓고 영상을 틀면, 나만의 빔 프로젝터 완성!

볼록렌즈 원리 탐구하기

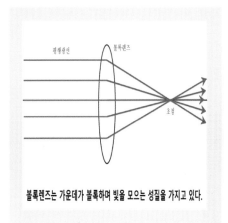

볼록렌즈는 가운데가 볼록하며 빛을 모으는 성질을 가지고 있다.

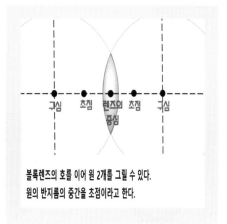

볼록렌즈의 호를 이어 원 2개를 그릴 수 있다.
원의 반지름의 중간을 초점이라고 한다.

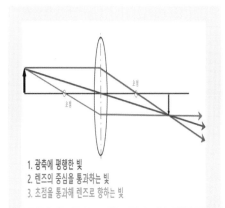

1. 광축에 평행한 빛
2. 렌즈의 중심을 통과하는 빛
3. 초점을 통과해 렌즈로 향하는 빛

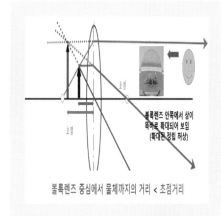

볼록렌즈 안쪽에서 상이
똑바로 확대되어 보임
(확대된 정립 허상)

볼록렌즈 중심에서 물체까지의 거리 < 초점거리

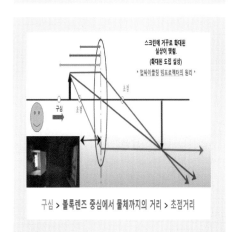

스크린에 거꾸로 확대된
실상이 맺힘.
(확대된 도립 실상)
* 엘씨이클립 빔프로젝터의 원리 *

구심 > 볼록렌즈 중심에서 물체까지의 거리 > 초점거리

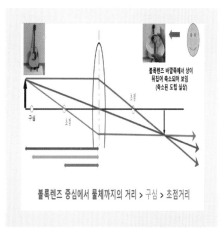

볼록렌즈 바깥쪽에서 상이
뒤집어 축소되어 보임
(축소된 도립 실상)

볼록렌즈 중심에서 물체까지의 거리 > 구심 > 초점거리

택배상자 분리배출 방법

테이프 등 종이류와 다른 재질 제거하기

테이프 등 이물질이 제거된 종이상자를 평평하게 펴기

평평하게 편 종이상자들을 끈으로 묶어 분리배출하기

 업사이클링 환경 수업 후기

학생 1: 택배상자 쓰레기가 이렇게 많이 나온다는 사실에 놀랐습니다.

학생 2: 택배상자를 재활용해 생활에 필요한 것도 만들고 그동안 어려워했던 볼록렌즈의 원리도 이해할 수 있게 되어 보람이 있었습니다.

선생님: 우리 일상에서 버려지는 자원이 많습니다. 그러한 것들을 찾아서 업사이클링한다면 환경도 지키고 생활에 필요한 물건도 내 손으로 직접 만들 수 있습니다.

참고자료 KBS 교양 유튜브 채널, 택배상자의 화려한 변신 택배상자 활용법!, 2020.3.24. / JTBC News 유튜브 채널, 식품 늘고 '멋보다 건강'…16억 개 택배로 본 코로나 1년, 2021.4.29. / Mr. 아재 유튜브 채널, 박스로 못 만드는 것이 없다!! 기막힌 제품 4가지 만들기!!, 2019.10.18. / 계숙샘 유튜브 채널, 볼록렌즈-상이 생기는 원리, 상의 작도 방법 / 이지티칭 Mulssem 유튜브 채널, [중1. 빛과 파동] 볼록렌즈에 의한 상, 2020.11.30.

업사이클링 환경 수업 지도안

배움 목표	업사이클링 빔 프로젝터를 만들고 그 속에 숨겨진 볼록렌즈의 원리를 이해할 수 있다.	활동 시간	80분
준비 물	종이상자(30cm×20cm×25cm, 빔 프로젝터 몸통), 종이 판지 (20cm×20cm, 거치대 제작용), 글루건, 칼, 30cm 자, 컴퍼스, 연 필, 볼록렌즈(지름 7.5cm), 스마트폰	관련 교과	과학, 수학, 실과

흐름	활동 내용	시간	유의점
배움 열기	• 동기 유발하기 -택배상자 활용법에 대한 영상 시청하기 　(youtu.be/B2nqE8UNCZg) -오늘 공부할 내용에 관한 이야기 나누기 • 활동 주제 확인하기 -업사이클링 빔 프로젝터를 만들고 그 속에 숨겨진 볼록렌즈의 원 　리를 이해하기	5분	★ 학생들이 택배상자 재활용의 필요성을 느 낄 수 있도록 한다.
배움 활동	• [환경감수성 UP] 택배상자 사용과 재활용 실태 알아보기 -택배상자가 늘어난 이유와 재활용 방법에 대해 이야기 나누기 • [공작활동] 업사이클링 빔 프로젝터 만들기 -볼록렌즈 원리에 대해 설명한 후, 스마트폰 거치대 만들기 　1. 거치용 종이 판지 3개를 준비하여 스마트폰 가로 길이, 두께에 　　맞춰 칼로 홈 파기 　2. 거치용 종이 판지 3개를 글루건으로 붙이기 　3. 거치대에 스마트폰을 세워보고 넘어지지 않는지 확인하기 -빔 프로젝터 몸통 만들기 　1. 종이상자에 볼록렌즈를 부착하기 위해 볼록렌즈 크기로 구멍 뚫기 　2. 볼록렌즈를 구멍에 끼우고, 글루건을 사용해 부착하기 -빔 프로젝터 시연하기 　1. 스마트폰 영상이 '전체 화면'과 '부분 화면'으로 커졌다 작아졌 　　다 하지 않도록 고정하기 　2. 거치대에 스마트폰을 끼우고 빔 프로젝터 몸통(상자)에 넣기 　3. 어둡고 하얀 벽이 있는 곳에서 빔프로젝터 영상 띄우기 • [원리탐구] 볼록렌즈와 빛의 굴절 탐구하기 -스마트폰을 앞뒤로 움직이고 빔 프로젝터 몸통도 앞뒤로 움직여보 며 빔 프로젝터 초점 맞춰보기 -사전에 배운 볼록렌즈 원리와 빔 프로젝터의 원리를 연결 짓기	5분 50분 15분	★ 공작활동 시 학생 들이 안전하게 도구를 사용할 수 있도록 안 내한다. ★ 종이 판지에 홈을 적절하게 파서 스마트 폰이 안정적으로 거치 되도록 한다. ★ 상자 면에 렌즈를 부착하기 전 컴퍼스로 원을 그리고 수학 시간 에 배운 원의 지름과 원주 개념을 이해할 수 있도록 지도한다. ★ 스마트폰 영상을 고정했음에도 커졌다 작아졌다 할 때는 인 터넷 포털에 있는 영 상을 '부분 화면'으로 두고 시연한다.
배움정리 및 공유	• 활동 소감 나누기 -업사이클링 빔 프로젝터를 만들면서 느낀 점 발표하기 -활동을 통해 새로 알게 된 과학 원리에 대해 이야기 나누기	5분	★ 학생들이 학습 내 용을 다양하게 발표할 수 있도록 지도한다.

Tip! • 업사이클링 투석기 공작 활동의 성공 경험을 바탕으로 가정에서 배출하는 일회용품을 재활용하여 우리
생활에 유용한 물건을 얼마든지 만들 수 있다는 자신감을 가지도록 지도한다.

학년   반   번 이름 (   )

택배상자로 업사이클링 빔 프로젝터 만들기

- 택배상자를 재활용할 수 있는 방법에 대해 적어봅시다.

- 업사이클링 빔 프로젝터에서 스마트폰을 왜 거꾸로 놓을까요? 그 이유를 적어봅시다.

- 업사이클링 빔 프로젝터를 만들면서 알게 된 볼록렌즈의 원리를 적어봅시다.

가정에서 많이 생기는 택배박스를 어떻게 재활용해볼까요?

'16개로 택배로 본
코로나 1년' 뉴스 동영상

빔 프로젝터 거치대 만들기

빔 프로젝터 거치대 완성하기

빔 프로젝터 몸통 만들기

빔 프로젝터 볼록렌즈 부착하기

업사이클링 빔 프로젝터 완성!

볼록렌즈 원리 탐구 1

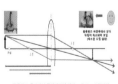

볼록렌즈 원리 탐구 2

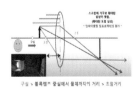

10. [3D 홀로그램 프로젝터] 착시를 활용한 플로팅 홀로그램 만들기

카페에서 시원한 음료를 마시고 나면 생기는 일회용 컵들! 일회용 투명 테이크아웃 컵이 재활용이 안 된다는 사실을 알고 있나요? 이 플라스틱 테이크아웃 컵을 재활용해 스마트폰 활용 능력을 UP!시키는 3D 홀로그램 프로젝터를 만들어보아요. 나만의 홀로그램 영상도 만들어보면서 기초적인 프로그래밍 과정도 체험할 수 있어요.

3D 홀로그램 프로젝터로 구현한 플로팅 홀로그램 영상

 준비물 :
무늬 없는 투명 테이크아웃 컵 1개, 도안 1장(이 책 262쪽), 투명 테이프, 가위, 네임펜, 스마트폰

🌿 본 활동 관련 교육과정 분석

과목	단원	핵심 성취 기준
수학	5-1-6. 다각형의 둘레와 넓이	[6수03-03] 평면도형의 둘레를 재어보는 활동을 통하여 둘레를 이해하고, 평면도형의 둘레의 길이를 구할 수 있다.
교학사	5-1-3. 자원 관리와 자립	[6실03-04] 쾌적한 생활공간 관리의 필요성을 환경과 관련지어 이해하고 올바른 관리 방법을 계획하여 실천한다.
	6-2-4. 생활 속 소프트웨어	[6실04-07] 소프트웨어가 적용된 사례를 찾아보고 우리 생활에 미치는 영향을 이해한다.
		[6실04-09] 프로그래밍 도구를 사용하여 기초적인 프로그래밍 과정을 체험한다.
	6-2-5. 발명과 로봇	[6실02-06] 간단한 생활 소품을 창의적으로 제작하여 활용한다.
		[6실05-04] 다양한 재료를 활용하여 창의적인 제품을 구상하고 제작한다.
		[6실05-03] 생활 속에 적용된 발명과 문제해결의 사례를 통해 발명의 의미와 중요성을 이해한다.

🌿 환경 수업 흐름

시원한 음료를 먹고 나면 생기는 플라스틱 테이크아웃 컵을 어떻게 재활용해볼까요?

투명 테이크아웃 컵을 사용해 스마트폰 3D 홀로그램 프로젝터를 만들어봅시다.

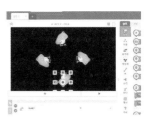

유튜브 동영상을 활용해 홀로그램을 체험해봅시다. 엔트리 프로그램을 사용하여 나만의 홀로그램 영상을 만들 수도 있습니다.

버려지는 일회용 컵은 어디로 가야 하나?!

일회용 컵 1년에 33억 개… 아예 없애보자 실험

우리는 일회용 플라스틱 컵을 얼마나 사용하고 있을까요?

2017년에 조사한 자료를 보면 1년 동안 한국인이 사용한 일회용 컵은 33억 개, 1인당 65개였습니다. 현재는 일회용 컵 사용량이 더 증가했을 것으로 여겨집니다.

최근에는 일회용 컵 사용을 줄여보려는 운동 중 하나로, 일회용 플라스틱 컵을 아예 없애는 실험이 진행되고 있습니다. 어떤 실험이 있는지 한번 확인해볼까요?

관련 동영상: MBC 뉴스 유튜브 채널, 2021.7.11.

🌿 자원 재활용 3D 홀로그램 프로젝터 만들기

1 일회용 컵의 옆면을 잘라서 평평하게 펴기

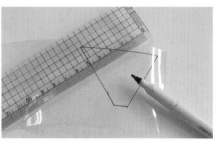

2 평평한 부분에 사다리꼴 도안을 대고 네임펜으로 그리기

3 같은 모양과 크기의 사다리꼴을 그려 서 가위로 자르기

4 투명 테이프로 4개의 사다리꼴을 이어 붙여서 입체 프로젝터 완성하기

5 유튜브에서 홀로그램 영상을 찾아 재 생하고, 어두운 환경에서 재생된 영상 가운데에 홀로그램 프로젝터를 올려 놓기

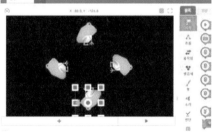

6 홀로그램 영상 체험(예시: 태양계 행 성), 나만의 홀로그램 영상 제작 등 심 화 활동 해보기

홀로그램의 원리 탐구하기

홀로그램

홀로그램은 영상이 3차원이고, 실물과 똑같이 입체적으로 보이는 사진이다. 홀로그래피의 원리를 이용해 만든다.

홀로그램 이용 분야

신용카드를 잘 살펴보면 카드의 고유한 문양을 표현한 3차원 입체 영상을 눈으로 확인할 수 있다.

그 밖에도 의학적 용도, 건축, 자동차 설계 등 각 분야에서 다양하게 사용되고 있다.

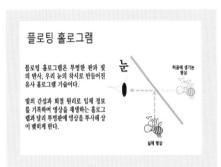

플로팅 홀로그램

플로팅 홀로그램은 투명한 판과 빛의 반사, 우리 눈의 착시로 만들어진 유사 홀로그램 기술이다.

빛의 간섭과 회절 원리로 입체 정보를 기록하여 영상을 재생하는 홀로그램과 달리 투명판에 영상을 투사해 상이 맺히게 한다.

우리가 하는 것은 플로팅 홀로그램

우리 주변에서 볼 수 있는 플로팅 홀로그램은 4면할 영상에 45도 각도로 만들어진 4면 프리즘을 올리고 재생하면 물체가 떠 보이게 하는 원리를 활용한 입체영상이다.

플로팅 홀로그램은 국내외 큰 행사나 공연, 전시에서 많이 활용되어 우리들의 시선을 사로잡는다.

▶ 엔트리 활용하여 홀로그램 영상 코딩하기

1단계: 검은 배경 만들기

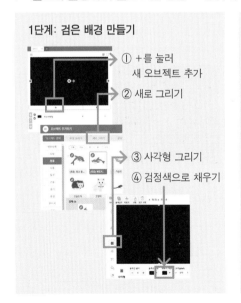

① +를 눌러 새 오브젝트 추가
② 새로 그리기
③ 사각형 그리기
④ 검정색으로 채우기

2단계: 주인공 만들기

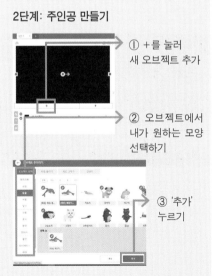

① +를 눌러 새 오브젝트 추가
② 오브젝트에서 내가 원하는 모양 선택하기
③ '추가' 누르기

3단계: 사진 추가하기

① 내가 고른 오브젝트에 움직이는 모양 추가하기
② 움직임이 있는 사진들을 추가하려면 오브젝트를 선택할 때 '묶음' 누르기

4단계: 코딩하기

① 블록을 눌러서 코딩 시작하기
② 움직임을 반복할 수 있게 블록을 조합하기
③ ▷버튼을 눌러 시작을 해보면서 블록 완성하기

5단계: 홀로그램 구성하기

① 격자 모양을 눌러 위치 확인하기
② 오브젝트를 오른쪽으로 클릭해서 3개 복제하기
③ 오브젝트 위치와 방향을 조정해서 중심을 기준으로 같은 위치에 두기

6단계: 영상으로 내보내기

① 저장하기
② 마이페이지→작품
③ 외부로 공유하기→스마트폰으로 전송해서 영상 재생 후 내가 만든 홀로그램 프로젝터 올리기

재활용되지 않는 일회용 컵!
우리 생활 속에서 또 어떻게 활용할 수 있을까요?

일회용 컵 재활용 / 플라스틱 컵으로 바구니 만들기 / 마끈 감기

테이크아웃 컵을 이용한 화분 만들기 | 플라스틱 재활용

플라스틱컵 그냥 버리시나요? 200% 재활용 꿀팁!

 업사이클링 환경 수업 후기

학생 1: 재활용되지 않는 쓰레기가 이렇게 많다니 정말 놀랐습니다. 앞으로 쓰레기를 자원으로 다시 보는 시선을 가져볼게요!

학생 2: 일회용 플라스틱 컵으로 홀로그램 영상을 재생할 수 있다니 신기해요! 동생에게 보여주고 싶어요!

선생님: 지금과 같은 소비가 계속된다면 머지않아 우리는 넘치는 쓰레기와 공존하며 살아가게 될 거예요. 쓰레기를 새로운 자원으로 바라보는 시각을 갖는 태도도 좋지만, 가장 중요한 것은 처음부터 쓰레기를 만들지 않는 일임을 잊지 마세요! ^_^

참고자료 꼼지락통 유튜브 채널, 일회용컵재활용/플라스틱컵으로바구니만들기/마끈감기, 2020.10.2. / 제인센스 유튜브 채널, 테이크아웃 컵을 이용한 화분 만들기 | 플라스틱 재활용, 2020.1.1. / 최주부 유튜브 채널, 플라스틱컵 그냥 버리시나요? 200% 재활용 꿀팁!, 2020.5.8. / 자원순환실천플랫폼, 자원순환 관련 자료 / KBS 교양 유튜브 채널, KBS 스페셜 -플라스틱 대한민국 불타는 쓰레기 산, 2019.7.11.

업사이클링 환경 수업 지도안

배움 목표	자원 재활용 홀로그램 프로젝터를 만들고 홀로그램 영상을 직접 만들어보며 기초 프로그래밍 과정을 체험할 수 있다.		활동 시간	80분
준비 물	무늬 없는 투명 테이크아웃 컵 1개, 도안 1장, 투명 테이프, 가위, 네임펜, 스마트폰(수업 공간은 컴퓨터실 또는 스마트교실 권장함)		관련 교과	과학, 수학, 실과
흐름	활동 내용		시간	유의점
배움 열기	• 동기 유발하기 – '플라스틱 대한민국 불타는 쓰레기 산' 영상 시청하기 (youtube.com/watch?v=7CfUMwyNLic) – 자원순환 관련 퀴즈 풀고 알아보기 – 오늘 공부할 내용에 관한 이야기 나누기 • 활동 주제 확인하기 – 자원 재활용 홀로그램 프로젝터를 만들고 홀로그램 영상을 직접 만들어보며 기초 프로그래밍 과정을 체험하기		10분	★ 학생들이 영상을 보고 의견을 나누며 쓰레기 문제의 심각성을 공감할 수 있도록 한다.
배움 활동	• 〔환경감수성 UP〕일회용 테이크아웃 컵의 재활용 필요성 및 방법 알기 – 일회용 테이크아웃 컵 사용의 문제점 알아보기 – 일회용 테이크아웃 컵을 재활용할 수 있는 방법 발표하기	15분		★ 사전 과제를 통해 재활용 가능한 방법을 미리 조사하여 발표할 수 있도록 한다. ★ 홀로그램 영상 재생을 위해 어두운 환경을 준비한다. ★ 홀로그램의 원리를 알아보고 프로젝터를 만들 때 활용 가능한 다른 재활용품도 소개한다. ★ 컴퓨터실 컴퓨터 또는 스마트폰으로 프로그래밍을 한다.
	• 〔공작활동〕자원 재활용 홀로그램 프로젝터 만들기 – 일회용 테이크아웃 투명 컵을 활용하여 홀로그램 프로젝터 만들기(재활용품은 스스로 준비하기) – 홀로그램의 원리 살펴보고 홀로그램 프로젝터를 만들 때 활용할 수 있는 다른 재활용품들 살펴보기(투명한 재질의 플라스틱 재활용품 모두 가능: OHP필름, 플라스틱 투명 포장 상자 등)	30분		
	• 〔프로그래밍〕나만의 홀로그램 영상 만들기 – 홀로그램 영상 특징 살펴보기(검은 바탕, 4면) – 엔트리 프로그램을 활용하여 나만의 홀로그램 영상 만들어보기 – 내가 만든 영상 실행해보고 친구들 앞에서 발표하기	20분		
배움 정리 및 공유	• 활동 소감 나누기 – 홀로그램 프로젝터 및 영상을 만들면서 느낀 점 발표하기 – 자원 재활용 교육을 받고 새로 알게 된 점 이야기 나누기		5분	★ 배운 점, 느낀 점, 더 알고 싶은 점을 자유롭게 나눌 수 있도록 지도한다.

Tip! • 스마트폰 홀로그램 프로젝터 공작 활동을 통해 자원 재활용에 관심을 갖고, 다양한 재활용품 재료를 활용하여 창의적인 제품을 구상하고 제작해볼 수 있도록 지도한다.
• 홀로그램 영상이 잘 구현되기 위해서는 암막 커튼 등이 있는 어두운 공간(과학실)을 준비한다.
• 컴퓨터실 사용이 어렵다면 스마트폰으로도 엔트리 프로그램을 실행하여 간단한 프로그래밍을 직접 해볼 수 있다. (상황에 따라 개인별로 영상 만들기 또는 팀으로 협력하여 영상 만들기)

스마트폰 활용 홀로그램 프로젝터 도안

기준 사다리꼴 도형을 4개 만들어서 연결하면 됩니다.

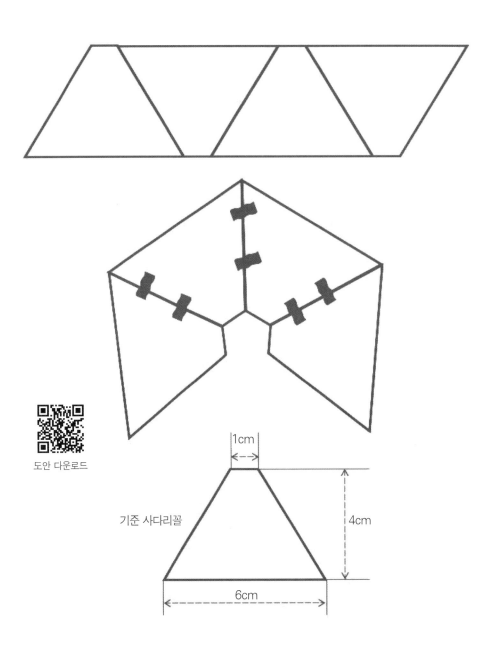

도안 다운로드

기준 사다리꼴

1cm

4cm

6cm

자원순환?

폐기물(wastes) 발생을 최대한 줄이고
사용한 폐기물에 대해서는 재사용(reuse) 또는
재생이용(recovery)하며,
불가피하게 남은 폐기물은 환경에 미치는
영향을 최소화하여
처리하는 것을 의미합니다

플라스틱 재활용은 80%
고품질 재활용은 오직 10%

출처: 자원순환실천플랫폼

플로팅 홀로그램

4방향 영상에
45도 각도로 만들어진
4면 프리즘을 올리고
재생하면
물체가 떠 보인다.

홀로그램 프로젝터 만들기

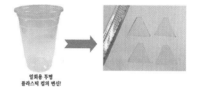

일회용 투명
플라스틱 컵의 변신!

홀로그램 프로젝터 만들기

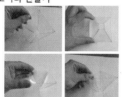

코딩으로 4방향 영상 만들기

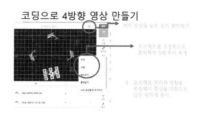

11. [자동 손 소독 장치] 센서와 입출력 장치 활용하기

가정에서 생기는 재활용 쓰레기와 코딩으로 업사이클링 자동 손 소독 장치를 만들어보아요. 코딩으로 피지컬 컴퓨팅 디바이스를 직접 움직이면서 센서와 입출력 장치의 작동 원리를 탐구할 수 있어요.

업사이클링 자동 손 소독 장치

준비물 :
PC, 마이크로비트(V2.0), 서보모터, 5핀 케이블, 페트병, 빵 끈(철사에 피복이 덮인 선), 주름 빨대, 글루건, 송곳, 가위, 칼

🍃 본 활동 관련 교육과정

과목	영역	핵심 성취 기준
수학	5-2-1. 수의 범위와 어림하기	〔6수03-01〕 실생활 장면에서 '이상', '이하', '초과', '미만'의 의미와 쓰임을 알고, 이를 활용해 수의 범위를 나타낼 수 있다.
실과 (교학사)	6-2-4. 생활 속 소프트웨어	〔6실04-10〕 자료를 입력하고 필요한 처리를 수행한 후 결과를 출력하는 단순한 프로그램을 설계한다.
		〔6실04-11〕 문제를 해결하는 프로그램을 만드는 과정에서 순차, 선택, 반복 등의 구조를 이해한다.
	6-2-5. 발명과 로봇	〔6실05-04〕 다양한 재료를 활용하여 창의적인 제품을 구상하고 제작한다.
		〔6실05-06〕 생활 속에서 로봇 활용 사례를 통해 작동 원리와 활용 분야를 이해한다.
		〔6실05-07〕 여러 가지 센서를 장착한 로봇을 제작한다.
미술 (지학사)	6-1-3. 편리하고 아름다운 생활용품	〔6미02-02〕 다양한 발상 방법으로 아이디어를 발전시킬 수 있다.

🍃 환경 수업 흐름

널리 사용되는 플라스틱, 재활용할까요? 재사용할까요?

플라스틱 재활용 쓰레기로 업사이클링 자동 손 소독 장치를 만들어봅시다.

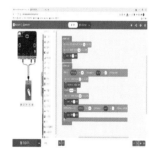

코딩으로 작동되는 센서와 입출력 장치의 원리를 탐구해봅시다.

플라스틱 재활용? 재사용!

> 우리가 버린 플라스틱은 돌고 돌다가 일부만 재활용되거나 버려진대.

> 내가 어제 버린 페트병은 무엇으로 재활용이 될까?

> 재사용은 버리는 것 자체를 줄일 수 있기 때문에 재활용보다는 재사용이 바람직해!^^

아! 그럼 줄이고, 다시 쓰고, 그 다음이 재활용이구나!

지구를 살리자! 폐기물의 변신, 업사이클링

코로나 시대에 우리는 이전보다 훨씬 많은 일회용품을 사용하고 있습니다.
버려진 폐기물들은 바다에 떠다니다가 해양 동물을 죽음으로 내몰기도 합니다.
더군다나 플라스틱 쓰레기는 국내에서만 하루 평균 848톤이 발생한다고 합니다. 코로나 전보다 15% 급증했습니다. 이런 폐기물을 재활용하는 차원을 넘어 더 가치가 있는 상품으로 만드는 것을 업사이클링이라고 하는데요.
폐기물이 변신하고 있는 업사이클링 사례에는 어떤 것들이 있는지 한번 알아볼까요?

출처: MBC 뉴스 유튜브 채널, 2021.6.5.

🍃 업사이클링 자동 손 소독 장치 만들기

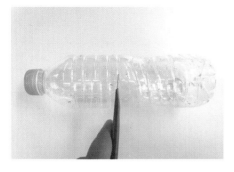

1 받침을 만들기 위해 페트병 중간 부분을 칼로 자르기

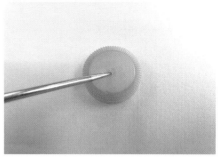

2 송곳으로 뚜껑 중앙에 구멍을 뚫어 액체가 빠져나갈 수 있는 숨구멍 만들기

3 1에서 잘라낸 페트병 하단부에 구멍 뚫린 뚜껑을 덮은 새로운 페트병을 꽂기

4 3의 페트병 아랫부분에 송곳으로 구멍 뚫기

5 주름 빨대의 주름 있는 부분이 페트병 안쪽으로 들어가도록 구멍에 끼우기

6 페트병에 액체를 넣을 때 밖으로 흐르지 않도록 글루건을 이용해 페트병과 주름 빨대 고정하기

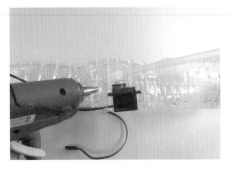

7　글루건으로 페트병과 서보모터를 고정하고, 서보모터 혼과 빨대도 고정하기

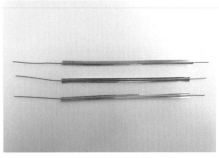

8　전선 용도로 사용하기 위해 빵 끈의 양쪽 끝부분을 벗기기

9　마이크로비트의 1번 핀 , 3V 핀, 그리고 GND 핀에 빵 끈 연결하기

10　서보모터에서 나온 전선의 주황색, 빨간색, 갈색 선에 각각 1번 빵 끈, 3V 빵 끈, GND 빵 끈 연결하기

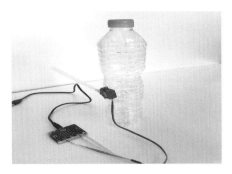

11　5핀 케이블을 마이크로비트에 꽂기

12　5핀 케이블을 PC에 연결해서 프로그래밍 준비하기

※ 팁: 마이크로비트는 USB와 외장 배터리 팩을 통해 전원을 공급한다. 완성된 코드를 업로드할 때 USB 케이블을 사용하고, 외장 배터리 팩을 이용하면 컴퓨터와 연결 없이도 사용이 가능하다.

• 피지컬 컴퓨팅

피지컬 컴퓨팅이란 무엇일까요? 엔트리, 스크래치 등과 같은 프로그래밍 도구에 연결해서 사용할 수 있는 교구로서, 입력된 프로그램을 바탕으로 컴퓨터와 현실 세계가 상호작용할 수 있게 하는 장치를 의미합니다. 이번 프로젝트에서는 다양한 피지컬 컴퓨팅 디바이스 가운데 초등학생도 손쉽게 활용할 수 있는 BBC Micro:bit(마이크로비트) V2.0을 사용했습니다.

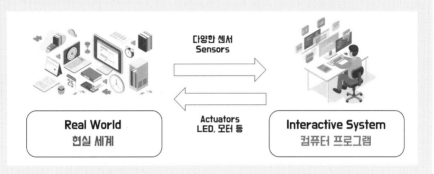

• 마이크로비트와 센서

마이크로비트(BBC Micro:Bit)는 영국의 컴퓨터 교육용으로 영국방송공사 BBC에 의해 설계되었습니다. 마이크로비트는 신용카드의 절반 크기에 불과하지만 온도 센서, 가속도계, 자기장 센서, 블루투스, 25개의 LED로 구성된 디스플레이, 빛 감지 센서, 2개의 버튼, 스피커, 마이크, 터치 센서 등이 내장되어 있어 별도의 부품 추가 없이도 다양한 메이킹을 할 수 있는 교구입니다. 그뿐 아니라다. USB 또는 외장 배터리 팩을 통해 전원을 공급받을 수 있고, 필요에 따라 외부 입출력 장치를 추가해서 사용할 수도 있습니다.

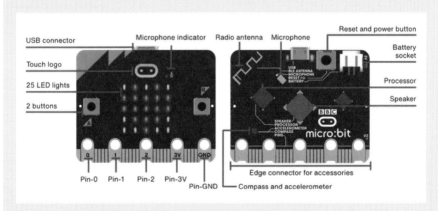

이번 활동에서는 마이크로비트 LED 디스플레이 위에 손을 올려뒀을 때 감지되는 빛의 양의 줄어드는 원리를 활용했습니다. 이 원리를 통해 사용자가 손을 가까이 대었을 때 자동으로 작동이 되는 장치를 만들 수 있습니다.

• 프로그래밍 개발 환경

마이크로비트의 공식적인 개발 환경은 메이크코드(MakeCode) 편집기와 파이썬 기반의 파이썬 에디터(Python Editor), 마이크로비트 공식 앱(App)이 있습니다. 메이크코드 편집기는 엔트리, 스크래치 등과 같은 블록형 프로그래밍 언어로, 프로그램 언어를 잘 모르는 초등학생 또는 입문자도 쉽게 프로그래밍할 수 있다는 장점이 있습니다. 또한 블록과 자바스크립트, 파이썬 코드로 변환해서 확인이 가능하며 프로그래밍 내용도 해당 영역에 맞게 변환해주는 특징이 있습니다. 여기서는 메이크코드 편집기를 활용해서 센서와 입출력 장치를 작동시키기 위한 프로그래밍을 했습니다.

• 서보모터

서보모터는 각도 조절이 가능한 액츄에이터 중 하나입니다. 이번 활동에서 사용한 서보모터(SG-90)는 명령 블록으로 0도부터 180도까지 설정이 가능합니다. 우리는 이 서보모터의 움직임으로 서보모터의 혼에 연결되어 있는 주름 빨대를 조작하고, 페트병에 담긴 액체(소독제)를 사용자의 손에 분사하는 장치를 만들 수 있습니다.

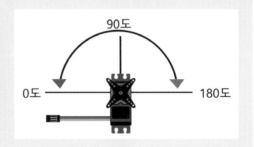

• 프로그래밍 실습하기

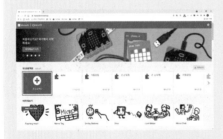

1 makecode.microbit.org에 접속해서 새 프로젝트 생성하기

2 '고급-확장'을 선택하고 'servo' 확장 프로그램 선택하기

3 'var'라는 변수를 생성하여 시작했을 때를 '0'으로 설정하고, 1번 핀에 연결된 서보모터의 각도를 설정하기

4 선택 블록을 무한반복 실행 블록 안에 삽입하고, 마이크로비트 LED 디스플레이가 손을 감지하고 변수값이 0일 때를 조건값으로 설정하기

5 4에서 설정한 조건이 되었을 때, 서보모터를 움직여 소독제를 분사하고 효과음이 출력될 수 있도록 프로그래밍하기

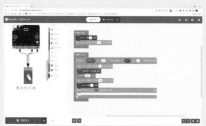

6 소독제가 분사되는 0.5초를 기다렸다가 서보모터가 다시 원래의 각도로 돌아오고 변수값을 1로 설정하기

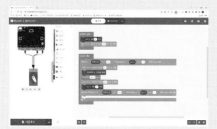

7 손을 대지 않은 때를 4와 반대되는 조건값으로 설정하기

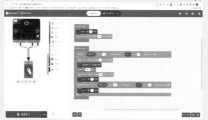

8 7과 반대되는 조건이 되었을 때, 변수값을 다시 '0'으로 설정해서 코드를 완성하고 마이크로비트에 업로드하기

※ 팁: 빛 센서 설정값이나 서보모터의 각도 설정값은 사용자의 환경이나 상황에 따라 다르게 설정할 수 있다. 주변의 밝기를 고려하여 빛 센서 설정값을 결정하고, 서보모터가 페트병에 부착된 방향이나 서보모터에 꽂힌 혼의 각도에 따라 서보모터의 각도 설정값을 결정한다.

투명 페트병 분리배출 방법

내용물을 싸~악 비우기!

라벨은 착! 제거하기

찌그러트리고 꽈~악 뚜껑 닫기

업사이클링 환경 수업 후기

학생 1: 우리가 분리배출한 페트병 중 일부만 재활용이 된다는 사실이 놀라웠어요. 앞으로 분리배출 방법을 정확히 알고 실천하기 위해 노력하겠습니다.

학생 2: 분리배출된 페트병을 재활용하려면 많은 비용과 노력이 든다는 사실을 처음 알았어요. 오늘 배운 것처럼 플라스틱을 재사용하기 위해 노력이 필요할 것 같아요.

학생 3: 프로그래밍으로 우리 생활에 필요한 물건을 만들 수 있어서 보람 있었어요. 더 배워서 환경문제를 해결하기 위한 장치를 만들어보고 싶어요.

참고자료 환경부(2020), 투명 페트병 별도 분리 배출 안내문.

업사이클링 환경 수업지도안

배움 목표	업사이클링 자동 손 소독 장치를 만들고, 센서와 입출력 장치의 작동 원리를 이해하여 프로그래밍으로 작동하게 할 수 있다.	활동 시간	80분
준비 물	PC, 마이크로비트(V2.0), 서보모터, 5핀 케이블, 페트병(50ml) 2 개, 빵 끈 3개, 주름 빨대, 글루건, 송곳, 가위, 칼	관련 교과	수학, 실과, 미술

흐름	활동 내용	시간	유의점
배움 열기	• 동기 유발하기 　-'폐기물의 변신 업사이클링' 영상 시청하기 　(youtube.com/watch?v=sMLFiWhjegQ) 　-오늘 공부할 내용에 관한 이야기 나누기 • 활동 주제 확인하기 　-업사이클링 자동 손 소독 장치를 만들고, 센서와 입출력 장치의 작 　동 원리를 이해하여 프로그래밍으로 작동시키기	5분	★ 영상 시청 후 다양 한 플라스틱 업사이 클링에 대해 생각해볼 수 있는 발문을 한다.
배움 활동	• 〔환경감수성 UP〕플라스틱의 재활용과 재사용의 차이를 알아보 　고 우리에게 필요한 방법 선택하기 　-플라스틱의 재활용의 문제점 찾아보기 　-플라스틱의 재활용과 재사용의 차이 찾아보기 　-우리에게 필요한 플라스틱 처리 방법 선택하기	10분	★ 칼, 가위, 글루건 사용에 대한 안전교육 을 반드시 실시한다. ★ 기초적인 프로그래 밍을 사전에 학습한 후 참여할 수 있도록 지도한다.
	• 〔공작활동〕업사이클링 자동 손 소독 장치 만들기 　-플라스틱 재활용 쓰레기와 주변에서 쉽게 구할 수 있는 여러 재료 　를 활용한 구조물 만들기 　-마이크로비트와 서보모터를 바르게 연결하기	30분	
	• 〔작동원리탐구 및 프로그래밍〕센서와 입출력 장치의 작동 원리 　탐구 및 코딩하기 　-피지컬 컴퓨팅의 개념, 마이크로비트와 센서, 마이크로비트의 개 　발 환경, 서보모터의 작동 설정 방법 등 살펴보기 　-자동으로 작동되는 장치를 만들기 위한 프로그래밍하기	30분	
배움 정리 및 공유	• 활동 소감 나누기 　-프로젝트를 진행하면서 느낀 점 발표하기 　-새로 알게 된 점 이야기 나누기 　-더 다양한 메이킹을 위한 아이디어 제안하기	5분	★ 추가 아이디어를 구상하고 자신의 작품 을 발전시키도록 독려 한다.

Tip! • 프로그래밍과 피지컬 컴퓨팅을 통한 자동화를 구현하는 만들기 활동이기 때문에 사전에 코딩 학습과 교
구 활용 소프트웨어 학습이 필요하다.
• 흥미 위주의 코딩이 아닌 업사이클링 작품을 만들기 위한 도구로 소프트웨어가 활용되는 것에 초점을 맞
추고, 프로그래밍을 통해 다양한 업사이클링 작품을 자동화할 수 있다는 것을 체득할 수 있는 기회를 제공
한다.

학년   반   번 이름 (   )

플라스틱 재활용과 재사용의 차이 알아보기

- 플라스틱을 재활용할 때 발생할 수 있는 문제점을 찾아 써봅시다.

- 플라스틱을 재사용하는 다양한 사례를 조사하여 써봅시다.

- 플라스틱의 재활용과 재사용 중 우리에게 필요한 방법을 선택하고 이유를 써봅시다.

  우리에게 필요한 방법:

  선택한 이유:

**Eco-STEAM 연구회와
저자 소개** (가나다 순)

Eco-STEAM 연구회

환경교육과 STEAM 교육의 융합을 기본으로 기후위기 문제해결 역량을 키우고 교육과정을 연구, 실천하는 전문적학습공동체이다. 2020년 4월, 변윤섭 교사를 중심으로 인천 지역에서 처음 만들어져서 활발하게 활동하고 있다. 현재까지 100여 명의 초등교사가 Eco-STEAM 연구회 회원으로 활동하고 있다.

Eco-STEAM 연구회는 교사의 교육과정 문해력을 바탕으로 지속가능한 환경수업 모델과 환경융합 프로젝트 프로그램을 개발하고 있다. 무엇보다 학생들이 창의성, 융합성, 전문성을 바탕으로 기후위기 문제해결 역량을 강화하고 생활 속에서 실천할 수 있도록 교육하기 위해 부단히 노력하는 전문적학습공동체이다.

김경미
초등교사. 인천서부 자원재활용 교사연구회 및 Eco-STEAM 연구회 회원이며, 자원순환동아리 학생 지도와 교육용 콘텐츠 및 자료 개발에 참여하고 있다. 전국진로교육실천사례 발표대회 1등급, 인천시인성교육실천사례발표대회 1등급 등 다수 연구대회에서 입상하였다. 현재 우리에게 당면한 환경문제에 대한 심각성을 인식하고 실천적 환경교육을 위한 연구를 하고 있다. 나아가 학생들이 삶의 여러 영역에서 실천할 수 있도록 교과융합 환경 프로젝트, 가정 연계 자원순환 실천 등의 환경교육에 앞장서고 있다. (aquafish@ice.go.kr)

김지은

초등교사이자 Eco-STEAM 연구회 회원. 전 세계적으로 계속되는 기후변화를 보면서 우리 학생들은 앞으로 조금이라도 나은 환경에서 자라길 바라는 교사이다. 이를 위해 일상생활 속 아주 작은 실천부터 시작할 수 있도록 환경교육을 하고 있다. MBTI 유형 중 ESFP의 성향을 십분 발휘하여 교실 안에서도 학생들과 즐겁게 지내는 것을 최고로 여기며, 교육 활동을 할 때도 크고 작은 도전을 과감히 시도하는 것을 좋아한다. 공저한 책으로 『수업을 살리는 놀이 레시피 101』 등이 있다. (ml2gether@ice.go.kr)

김진모

초등교사. 환경을 사랑하고 창의융합미래교육을 실천하는 교사이다. '미래형 교과서의 활용 사례'를 주제로 교과서 포럼에서 발표를 했으며, 온라인 콘텐츠 활용 교과서 공모전 교육부장관상, 지능형과학실 우수수업사례 교육부장관상 등을 수상하였다. 또한 학생들과 과학 탐구 활동을 많이 하여 2021 전국청소년과학탐구대회 금상, 대한민국창의력챔피언대회 장관상, 전국과학동아리활동발표대회 은상, 전국자연관찰탐구대회 은상 2회 등을 수상하였다. 기후위기대응 실천학교, 스마트에코스쿨, 지속가능발전실천교사연구회를 책임 운영하며 교육 노하우를 지역사회에 공유하고 있다.

김태범

초등교사. Eco-STEAM 연구회 회원으로 기후변화를 학생들과 함께 고민하고자 하는 교사이다. 평소 환경교육과 놀이교육에 관심이 많으며, 학생들과 함께 즐거운 생태교실을 만들기 위해 힘을 쏟고 있다. 한국교육개발원(KEDI)의 교육정책네트워크 교육현장 모니터단으로 활동하였으며 교육 전반의 다양한 활동에 관심을 가지고 참여하고 있다. 2015 개정 교육과정 수학 교과서 집필진으로 참여하였으며 공저한 책으로 『수업 방해』, 『수업을 살리는 실과 레시피 101』 등이 있다. (817beatles@gmail.com)

남광현

초등교사. 충남대학교 공업기술교육학과 기술·발명 박사과정을 수료했다. 2021 대한민국발명교육대상을 수상했으며, 2020 특허청 주관 발명교사인증제 마스터교사, 초등수학·사회·과학 교과용 도서 심의위원, 인천초등과학교과연구회 교사(8년), STEAM 선도학교 운영 담당교사(4년), STEAM 교사연구회(3년) 대표교사, 기후생태환경교육 실천학교(2년), 탄소중립 프로그램 운영학교(1년) 운영 담당 교사로 활동했다. (alame5004@naver.com)

문석현

초등교사이자 Eco-STEAM 연구회 회원. 초등수학 검정교과서(천재) 집필위원으로 활동하였으며, 수업연구발표 연구대회 1등급 및 3등급, 인천시 현장연구대회 1등급으로 입상하였다. 공저한 책으로 『미래를 여는 가치 중심의 프로젝트 수업』 등이 있다. 교과융합 프로젝트와 접목한 환경수업 자료 개발 및 현장에 다양하게 적용하기 위한 연구 활동을 하고 있다. (slayergious@ice.go.kr)

문윤정

초등교사이자 Eco-STEAM 연구회 회원. 학교와 마을, 시민과 함께 환경사랑 문화를 증진할 수 있도록 다양한 교육실천 활동을 하고 있다. 코로나19가 미래교육으로의 도약을 가져왔듯 우리의 환경교육실천 활동이 생태적 삶을 촉진하는 디딤돌이 되기를 희망한다. 좋은 수업 만들기 전문적학습공동체 활동 및 워크숍, 온라인 플랫폼 구축을 위해 노력하고 있다. 또한 연대와 실천으로 함께 나누고 공유하며 성장하는 교직문화 조성에 힘쓰고 있다. (estella201600@gmail.com)

문준영

초등교사. Eco-STEAM 연구회 회원으로 자원순환교육 실천학교와 기후위기대응 교육 실천학교를 운영하였으며 해양환경 및 자원순환교육 자료 개발에 참여하고 있다. 아이들의 삶과 연계된 환경수업을 계획, 운영하고자 노력하고 있으며, 아이들과 함께하는 즐거운 환경수업을 만들기 위해 연구하고 있다. (bombface@naver.com)

박슬민

초등교사이자 미디어 리터러시 전문적학습공동체 대표. Eco-STEAM 연구회 회원으로서 자원순환실천학교, 스마트에코교육학교를 운영하였으며 자원순환동아리 학생 지도 및 자료 개발에 참여하고 있다. '기후위기와 자원순환의 필요성'에 대해 연구하고 있으며 지역공동 발명영재, 발명교육센터 운영 담당자로서 환경과 관련한 융합교육 프로젝트를 연구하고 있다. 전국교육자료전 연구대회 2등급(2회), 교육방송연구대회 3등급(2회)을 입상한 바 있다. (psm225602@gamil.com)

백우정

초등교사이자 Eco-STEAM 연구회 회원. 초등수학, 초등과학 검정교과서 검토위원으로 활동했으며, 자원재활용 수업을 위한 장학자료 개발 및 수업 연구에 힘쓰고 있다. 현재 인류가 맞닥뜨린 기후위기의 심각성을 인식하고, SW, 발명 등 다양한 분야와 연계 및 융합한 창의적인 환경교육 연구에 힘을 쏟고 있다. 공저한 책으로 『오렌지3로 알아가는 머신러닝 데이터 분석』 등이 있다. (wjbbb31@gmail.com)

변윤섭

초등교사이자 Eco-STEAM 연구회 대표. 초등수학 교과용 도서 검정위원, 인천초등과학교육단체총연합회 사무국장으로 활동했다. 전국교육자료전 연구대회 1등급, 수업연구발표 연구대회 2등급을 입상한 바 있으며, 공저한 책으로 『수업 방해』, 『선생님도 몰래 보는 과학대회 비법노트』, 『수업을 살리는 체육 레시피』 등이 있다. (bsub2000@gmail.com)

서연주

초등교사이자 Eco-STEAM 연구회 회원. 각종 원고 및 장학자료 개발에 참여하고 있으며 인천서부교육혁신지구 마을교육지원단으로 활동하고 있다. 지역의 환경문제를 해결하기 위한 실천 역량을 함양하고, 세계시민으로서 전 인류의 환경문제를 해결할 수 있는 힘을 기르고자 노력하고 있다. 나아가 사람과 사람, 사람과 자연 사이의 관계성을 회복하는 생태 감수성 기르기 활동에 힘쓰고 있다. (campbell8@ice.go.kr)

서영배

초등교사이자 학습놀이터와 Eco-STEAM 연구회 회원. 교실 밖 연구회 대표교사, 티나라(Tnara), 아이스크림(i-Scream)을 거쳐 현재는 인천의 혁신학교인 명현초등학교에서 연구혁신업무를 담당하고 있다. 2017년부터 환경교육에 관심을 갖고 시 통합 연구회에서 선생님들을 위한 연수 기획, 교재 집필 등을 꾸준히 해오고 있다. 기후위기대응교육, 자원재활용교육, 지속가능한 환경교육 등 교육이 실천으로 이어질 수 있도록 학생동아리와 교육부 탄소중립시범학교를 운영하고 있다. (screamyb@naver.com)

심민기

초등교사이자 인천서부영재교육원 교과연구회장. 생태환경교육 장학자료 개발 등 지속가능한 발전을 위해 친환경 관련 교육에 힘 쏟고 있다. 단위학교에서 기후·생태·환경 동아리를 운영하면서 학생들 스스로 미래가치에 대해 올바르게 인식하고 환경을 위해 우리가 할 수 있는 일부터 함께 실천해나갈 수 있도록 소통하고 있다. 또한 스마트에코그린 거점학교도 운영함으로써 지역 학생들에게도 환경교육의 노하우가 투영될 수 있도록 노력하고 있다. (smk0227@ice.go.kr)

안진

초등교사. 자원재활용 생태환경교육 교간전문적학습공동체(2년)와 한국창의재단 STEAM 교사연구회(2년)를 운영하였다. 현재는 Eco-STEAM 연구회 회원으로서 자원순환동아리 학생 지도와 관련 콘텐츠 개발에 참여하고 있다. 학생들이 생태와 환경에 대해 이해하고 공감하며 기후위기 극복을 위한 실천의지와 역량을 키울 수 있도록 프로젝트 프로그램과 자료 개발을 위해 노력하고 있다. (jinisister@naver. com)

유능한

초등교사. 2020 스팀교사연구회 및 Eco-STEAM 연구회 회원으로 활동하며, 학생들이 환경 감수성을 키울 수 있도록 다양하고 실천적인 환경교육과 수업자료 개발에 힘을 쏟고 있다.

유승진

초등교사. Eco-STEAM 연구회 회원으로 자원재활용 및 자원순환 동아리 학생 지도 및 자원재활용 수업을 위한 장학자료 개발에 참여하고 있다. 또한 영재교육과 발명교육 및 관련 분야 강의와 연구 활동을 하고 있다. 흥미롭고 유의미한 환경교육을 목표로 발명교육과 환경교육의 접목, 실천 중심의 환경교육, 확산적 환경교육 방법 연구 및 실천에 앞장서고 있다. (rie1125@ice.go.kr)

유철민

초등교사이자 '같이교육' 교사연구회 대표. 초등수학 교과서 집필 위원, Eco-STEAM 연구회 회원으로도 열심히 활동하고 있다. 아이들과 함께 고민하고 나누는 환경수업을 항상 고민하고, 친환경적인 미래교육자료 개발을 위해 선생님들과 나눔을 실천하고 있다. (redycm@naver.com)

이경윤

초등교사. 2025 수학 검정교과서(천재) 집필위원, STEAM 연구회 책임연구원(2년), 수업선도교사(2년)로 활동했으며, 2016 올해의 과학교사, 과학 관련 학생 지도 장관상 3회, 수업연구대회 1등급, 전국현장교육연구대회 1등급, 전국교육자료전 1등급 등을 수상하였다. 공저한 책으로 『수업 방해』, 『선생님도 몰래 보는 과학대회 비법노트』, 『미래의 가치를 여는 프로젝트 수업』, 『수업을 살리는 놀이 레시피 101』과 『수업을 살리는 체육 레시피』 등이 있다. 현재는 기후환경교육은 물론 미래형 프로젝트 기반 교육과정 설계를 위해 노력하고 있다. (futuregod@naver.com)

이우민

초등교사이자 인천서부과학교육관 담당교사, 서부자원재활용 교사연구회 회장. Eco-STEAM 연구회 회원으로 생태환경교육 장학자료 및 교육자료 개발 등 초등 생태환경교육 활성화를 위해 열심히 활동하고 있다. (woomin863@naver.com)

이준록

초등교사. 교육부 이러닝 세계화 LEAD 교사단, 한국과학창의재단 AI교육 교사연구회 회장, 인천광역시교육청 인공지능 교재 집필진으로 활동하고 있다. SW교육 유공교원 교육부 장관 표창, 과학기술진흥 유공교원 과학기술정보통신부 장관 표창을 수상하였다. 프로그래밍과 피지컬 컴퓨팅을 적용한 수업을 통해 생활 속 문제를 학습자 스스로 찾고 해결해나가는 자율주도형 프로젝트를 발굴과 보급에 앞장서고 있다. 공저한 책으로『엔트리와 떠나는 SW 코딩 여행』,『게임코딩 바이블』, 마이크로비트와 함께 즐기는 방구석 메이킹』등이 있다. (july10834@ice.go.kr)

이지은

초등교사. Eco-STEAM 연구회 회원으로 자원순환실천 교육과 인공지능 교육을 접목하는 연구 및 활동을 하고 있다. 학생들에게 지속가능발전을 위한 교육을 위하여 환경보호와 디지털 시민성을 길러주고자 노력하고 있다. 현재 AI융합교육 전공으로 주요 활동으로는 'EBS 이숲 인공지능 윤리', '네이버 티처스랩', '미래교육을 위한 AI활용 교과수업 마스터 연수 개발' 등의 활동을 하고 있다. (river037@ewhain.net)

정영찬

인천광역시교육청 장학사. 초등과학 교과서 집필진으로 활동했으며, 전국교육자료전 연구대회 2등급을 수상하였다. 공저한 책으로『수업 방해』,『선생님도 몰래 보는 과학대회 비법노트』,『미래교육 이야기』,『생애 첫 과정중심평가』,『수업을 살리는 놀이 레시피 101』과『수업을 살리는 체육 레시피』,『수업을 살리는 음악 레시피』 등이 있다. 또한 한국과학창의재단 해외녹색성장탐방 탐방 및 ESD수업모델 공모전 동상을 수상하였고, 환경수업 방법과 생태시민 육성을 위한 다양한 아이디어를 여러 선생님과 공유, 개발하고 있다. (jyc1630@korea.kr)

조순홍

초등교사. Eco-STEAM 연구회 회원으로 자원순환 동아리 학생 지도 및 자원순환 교육 콘텐츠와 자료 개발에 참여하고 있다. 학생들이 기후위기의 심각성을 인지하고 이를 극복하기 위한 실천의지와 역량을 키울 수 있도록, 기후·생태·환경교육을 연구하여 학생 지도에 적용 및 발전시켜가고 있다. (zebra911@ice.go.kr)

허나연

초등교사. Eco-STEAM 연구회 회원으로 인천서부자원재활용 교사연구회에 참여하여 자원순환동아리 학생 지도 및 자료 개발에 참여하고 있다. 환경문제의 심각성을 인지하고부터 환경교육에 관한 관심을 가지고 고민하며, 초등학교에서 아이들과 함께 환경 동아리 활동을 이어가고 있다. (skdusgj@hanmail.net)

※ 저자 캐릭터는 안나현(인천 송원초 6학년) 안나혜(인천 송원초 4학년) 학생이 함께 그렸습니다.